面向"十三五"工学结合系列规划教材·汽车类

汽车保险与理赔

主　编　邢福荣　王世江　陈晓云
副主编　张胡英　薛远水　张　正
参　编　尉　玮　曲彩悦

北京理工大学出版社
BEIJING INSTITUTE OF TECHNOLOGY PRESS

版权专有　侵权必究

图书在版编目（CIP）数据

汽车保险与理赔/邢福荣，王世江，陈晓云主编. —北京：北京理工大学出版社，2019.9 (2019.10重印)

ISBN 978-7-5682-7506-4

Ⅰ．①汽…　Ⅱ．①邢…②王…③陈…　Ⅲ．①汽车保险-理赔-中国-高等学校-教材　Ⅳ．①F842.634

中国版本图书馆CIP数据核字（2019）第191209号

出版发行 / 北京理工大学出版社有限责任公司
社　　址 / 北京市海淀区中关村南大街5号
邮　　编 / 100081
电　　话 / (010) 68914775（总编室）
　　　　　 (010) 82562903（教材售后服务热线）
　　　　　 (010) 68948351（其他图书服务热线）
网　　址 / http：//www.bitpress.com.cn
经　　销 / 全国各地新华书店
印　　刷 / 河北盛世彩捷印刷有限公司
开　　本 / 787毫米×1092毫米　1/16
印　　张 / 9.5　　　　　　　　　　　　　　　　　　责任编辑 / 徐艳君
字　　数 / 224千字　　　　　　　　　　　　　　　　文案编辑 / 徐艳君
版　　次 / 2019年9月第1版　2019年10月第2次印刷　责任校对 / 周瑞红
定　　价 / 29.00元　　　　　　　　　　　　　　　　责任印制 / 李志强

图书出现印装质量问题，请拨打售后服务热线，本社负责调换

前　言

汽车作为人类文明发展的标志，从 1886 年被发明至今，已有 100 多年的历史。随着我国经济的快速发展和人民生活水平的提高，汽车进入家庭已经从梦想变成现实，截至 2016 年年底，全国机动车保有量达到 2.9 亿辆，其中私家车总量达 1.46 亿辆，全国平均每百户家庭拥有 36 辆，与 2015 年相比，私家车增加 2208 万辆，增长 15.08%。

随着汽车，特别是私家车走进千家万户，汽车交通事故成为一个关系到居民生命安全的重要问题被提上日程。自 1980 年我国恢复保险业以来，汽车保险在我国保险市场，尤其是在财产保险市场中始终发挥着重要的作用。汽车的迅速增加，带动了汽车后市场的发展。为了进一步满足市场需求，加大汽车保险宣传力度，加快汽车保险业务创新，加强车险人才的培养，提高车险从业人员素质，成为汽车保险发展的方向。在此情况下，编者按照职业教育的特点和培养方案，为满足高等职业院校汽车及相关专业的教育教学而编写了本书。

本书共分 3 个模块：汽车保险推介实务、汽车保险承保实务、汽车保险理赔实务，内容涵盖汽车保险推介、保险费计算、查勘、定损、核赔等工作岗位所需的相关知识。

本书由烟台汽车工程职业学院邢福荣、王世江、陈晓云任主编，烟台汽车工程职业学院张胡英、薛远水、张正任副主编，烟台汽车工程职业学院尉玮、曲彩悦参与了本书的资料收集及编写工作。由于编者能力和水平有限，书中难免有疏漏和不足之处，恳请广大读者提出宝贵意见，在此深表感谢。

编　者

目　录

模块一　汽车保险推介实务 ·· 001

单元一　推介汽车保险产品 ·· 002
1.1.1　交强险 ·· 003
1.1.2　机动车商业保险 ·· 008

单元二　汽车保险销售策略 ·· 023
1.2.1　保险方案设计 ·· 023
1.2.2　保险方案推荐 ·· 024
练习思考题 ··· 027

模块二　汽车保险承保实务 ·· 029

单元一　受理顾客投保 ·· 030
2.1.1　交强险保险费的计算 ·· 030
2.1.2　商业险保险费的计算 ·· 032

单元二　汽车投保与承保 ··· 038
2.2.1　汽车投保 ··· 038
2.2.2　汽车承保 ··· 045
2.2.3　核保业务 ··· 046

单元三　签订保险单 ··· 052
2.3.1　缮制与签单 ·· 052
2.3.2　续保与批改 ·· 054
2.3.3　退保 ·· 055
练习思考题 ··· 056

模块三　汽车保险理赔实务 ·· 059

单元一　受理案件 ·· 060
3.1.1　理赔的流程及原则 ··· 060

  3.1.2 受理案件 …………………………………………………………… 063
  3.1.3 接案致电客户 ……………………………………………………… 065
 单元二 交通事故现场查勘 ………………………………………………… 068
  3.2.1 现场查勘的流程 …………………………………………………… 068
  3.2.2 现场查勘技术 ……………………………………………………… 070
  3.2.3 现场查勘的实施 …………………………………………………… 072
 单元三 定损核损 …………………………………………………………… 081
  3.3.1 定损 ………………………………………………………………… 081
  3.3.2 核损 ………………………………………………………………… 090
 单元四 赔款理算 …………………………………………………………… 096
  3.4.1 交强险的赔款理算 ………………………………………………… 096
  3.4.2 车损险的赔款理算 ………………………………………………… 102
  3.4.3 第三者责任险的赔款理算 ………………………………………… 105
  3.4.4 车上人员责任险的赔款理算 ……………………………………… 107
 单元五 赔付结案 …………………………………………………………… 112
  3.5.1 索赔 ………………………………………………………………… 112
  3.5.2 赔款理算 …………………………………………………………… 116
  3.5.3 缮制赔款计算书 …………………………………………………… 116
  3.5.4 结案归档 …………………………………………………………… 118
  练习思考题 …………………………………………………………………… 122

附录 ………………………………………………………………………………… 126

参考文献 …………………………………………………………………………… 146

模块一
汽车保险推介实务

学习目标

通过本模块的学习,要求学生掌握以下相关知识,并具备以下相关能力:

1. 知识目标

(1) 掌握机动车交通事故责任强制险(以下简称交强险)的概念、特征及意义;

(2) 了解交强险的保障内容;

(3) 掌握商业险各险种的概念及适用范围;

(4) 理解交强险与机动车商业第三者责任保险(以下简称第三者责任险)的相互关系;

(5) 掌握汽车保险的组合方案。

2. 能力目标

(1) 能为客户介绍交强险;

(2) 能为客户介绍商业险各险种,并能为客户解答相关疑问;

(3) 能根据客户需求,合理推荐保险产品。

单元一　推介汽车保险产品

1. 掌握交强险的概念、特征及意义；
2. 了解交强险的保障内容；
3. 掌握商业险各险种的概念及适用范围；
4. 理解交强险与第三者责任险的相互关系。

汽车保险，又叫机动车辆保险，是指对机动车辆由自然灾害或意外事故所造成的人身伤亡或财产损失负赔偿责任的一种商业保险。2003年1月1日以前，我国采用严格的机动车辆保险条款管理制度，各保险公司统一实行2000年由中国保险监督管理委员会（以下简称保监会）颁布的条款，条款和费率全国统一。随着汽车保有量的不断增加以及我国加入世界贸易组织等情况的变化，同时，为促进我国机动车辆保险业务的发展，提高保险公司经营管理水平和服务质量，中国保险监督管理委员会规定，自2003年1月1日起，在全国范围内实施新的机动车辆保险条款和费率管理制度，条款和费率实行差异化，即各保险公司实行个性化条款。由于一些公司在开发产品的时候只注重价格，不注重服务；只注重技术，不注重消费……从而出现一些不正常竞争，严重干扰了汽车保险市场的秩序。因此，为了规范市场行为，促进汽车保险行业有序竞争和良性发展，2006年7月1日，我国将第三者责任险分为交强险和第三者责任险，同时将机动车辆损失保险和第三者责任险再次实行统一，并分为A、B、C三款供保险公司任选其一（天平保险公司除外），即06版条款。经过几个月的使用，为了使文字更加简化、更加统一，内容更加清晰，保险行业协会又对06版条款进行修整、补充和完善，并于2007年4月1日实施了新版的A、B、C条款，即07版条款。2008年2月1日，保监会又将交强险的责任限额由6万元提升至12.2万元，将原来的第三者责任险承担的部分保险责任转由交强险承担，同时下调了费率，即实行新版交强险。同时，第三者责任险的费率也进一步降低，配合新版交强险同步上市销售。

2009年10月1日，新修订的《中华人民共和国保险法》（以下简称《保险法》）开始实施，各保险公司为了配合新保险法的实施，也各自推出新的车险条款（2009版）。

现行机动车保险分为两大类：交强险和机动车商业保险，前者属于强制性保险，后者则是商业保险。

1.1.1 交强险

交强险是我国首个由国家法律规定实行的强制保险制度，是因《中华人民共和国道路交通安全法》（以下简称《道路交通安全法》）的实行推出的针对机动车的保险品种，于 2006 年 7 月 1 日正式施行，根据配套措施的最终确立，于 2007 年 7 月 1 日正式普遍推行。交强险贯彻了《道路交通安全法》"以人为本，关爱生命，关注安全，保畅交通"的理念。建立交强险制度，是我国经济社会发展的必然要求，体现了以人为本的人文关怀精神。

一、交强险的概念及意义

（一）交强险的概念

根据《机动车交通事故责任强制保险条例》第三条的规定："本条例所称机动车交通事故责任强制保险，是指由保险公司对被保险机动车发生道路交通事故造成本车人员、被保险人以外的受害人的人身伤亡、财产损失，在责任限额内予以赔偿的强制性责任保险。"

交强险的保障对象是被保险机动车致害的交通事故受害人，但不包括被保险机动车本车人员、被保险人，其保障内容包括受害人的人身伤亡和财产损失。交强险具有强烈的社会性特征，尽管其本质是商业保险，但实属商业险政策化的产物，因为任何保险的产生最初都是商业性的。随着社会经济的发展，面对工业化产生的危险，为了维持社会安定、保护劳工经济生活条件的需要，国家将某些商业性保险，如商业第三者责任险，通过立法确定为政策性保险。

（二）交强险的意义

《机动车交通事故责任强制保险条例》的出台充分落实了《道路交通安全法》中关于建立机动车交通事故责任强制保险制度和道路交通事故社会救助基金制度的具体要求，是保护广大人民群众利益、促进道路交通安全的有效举措。

《机动车交通事故责任强制保险条例》明确了交强险制度的适用范围、各项原则、保险各方当事人权利义务以及监督管理机构的职责，对于交强险制度的顺利实施具有十分重要的作用。

建立交强险制度有利于道路交通事故受害人获得及时、有效的经济补偿和医疗救治；有利于减轻交通事故肇事方的经济负担；有利于促进道路交通安全，通过"奖优罚劣"，增强驾驶人的安全意识；有利于充分发挥保险的社会保障功能，维护社会稳定。

二、交强险的特征

（一）强制性

未投保交强险的机动车辆不允许上路行驶。未投保交强险的机动车，不得登记，不得检验；机动车所有人、管理人未按照规定投保交强险的，由公安机关交通管理部门扣留车辆，通知机动车所有人、管理者依照规定投保，并处责任险额应交纳的保险费的两倍罚款；不按规定放置保险标志的，扣留机动车，处以警告或者20元以上200元以下的罚款。

具有经营交强险资格的保险公司，不得以任何理由拖延和拒绝承保交强险业务，也不能随意解除交强险合同（投保人未履行如实告知义务的除外）。保险公司违反规定的，由保监会责令改正，并处5万元以上30万元以下罚款，限制业务范围，责令停止接受新业务直至吊销经营保险业务许可证。

（二）突出"以人为本"

交强险将保障受害人得到及时、有效的赔偿作为首要目标。《机动车交通事故责任强制保险条例》规定，被保险机动车发生道路交通事故造成本车人员、被保险人以外的受害人人身伤亡、财产损失的，由保险公司依法在交强险责任限额范围内予以赔偿。

（三）体现"奖优罚劣"

通过经济手段提高驾驶员的守法合规意识，促进道路交通安全。《机动车交通事故责任强制保险条例》要求有关部门要逐步建立交强险与道路交通安全违法行为和道路交通事故的信息共享机制，被保险人交纳的保险费与是否有交通违章挂钩。安全驾驶者将享有优惠的费率，经常肇事者将负担高额保险费。

（四）坚持社会效益原则

《机动车交通事故责任强制保险条例》要求保险公司经营交强险不以营利为目的。交强险业务必须与其他业务分开管理，实行单独核算。保监会将定期核查保险公司经营交强险业务的盈亏情况，以保护广大投保人的利益。

（五）实行商业化运作

交强险的条款、费率由保险公司制定，保监会按照交强险业务总体上不盈利不亏损的原则进行审批。《机动车交通事故责任强制保险条例》主要对交强险的投保、赔偿以及监督管理等方面进行了规定，明确了交强险制度的各项原则、保险双方当事人的权利义务以及监督管理机构的职责。

（六）明确保障对象，实行无过错责任制

交强险的保障范围是保险合同双方以外的第三方，受害人不包括本车人员和被保险人。保险公司对被保险机动车发生的道路交通事故造成本车人员、被保险人以外的交通事故受害人的人身伤亡、财产损失，在交强险的责任限额内予以赔偿，承担无过错赔偿责任。

（七）施行救助基金制度

《道路交通安全法》第十七条规定，国家设立道路交通事故救助基金制度。交强险规定，救助基金的来源之一，是按照交强险保险费的一定比例提取的资金。

三、交强险的运作主体

《机动车交通事故责任强制保险条例》规定，中资保险公司经保监会批准，可以从事

交强险业务。未经保监会批准,任何单位或者个人不得从事交强险业务。经保监会批准经营交强险业务的22家中资保险公司向社会公示。为了保证交强险制度的实行,保监会有权要求保险公司从事交强险业务。

由于我国加入世界贸易组织时未承诺允许外资保险公司经营强制保险业务,因此,目前交强险暂时不对外资开放。

四、交强险的保障对象和保障内容

(一) 交强险的保障对象

交强险涉及全国1亿多辆机动车,保障全国十几亿道路和非道路通行者的生命财产安全。交强险保障的对象是被保险机动车致害的交通事故受害人,但不包括被保险机动车本车人员、被保险人。限定受害人范围,一是考虑到交强险作为一种责任保险,以被保险人对第三方依法应负的民事赔偿责任为保险标的;二是考虑到2004年实施的《中华人民共和国道路运输条例》要求从事客运服务的承运人必须投保承运人责任险,乘客的人身财产损害可以依法得到赔偿。

(二) 交强险的保障内容

交强险的保障内容包括受害人的人身伤亡和财产损失。《机动车交通事故责任强制保险条例》第二十一条规定,被保险机动车发生道路交通事故造成本车人员、被保险人以外的受害人人身伤亡、财产损失的,由保险公司依法在交强险责任限额范围内予以赔偿。道路交通事故的损失是由受害人故意造成的,保险公司不予赔偿。

目前,从已经建立交强险的国家和地区看,交强险的保障范围一般有两类:一类是仅保障受害人人身伤亡,对财产损害不予赔偿,如日本、韩国、中国台湾等;另一类是对人身伤亡和财产损失均予以保障,如英国、美国等。我国的交强险保障内容既包括人身伤亡,也包括财产损失,这贯彻了《道路交通安全法》第七十六条的有关规定,更好地维护了交通事故受害人的合法权益。

五、交强险的保险单及标志

保监会统一规定了交强险的保险单格式以及标志。

(一) 交强险保险单

交强险保险单证是各种交强险保险单的总称,包括交强险保险单(如图1-1所示)、交强险定额保险单和交强险批单三种。其中机动车投保交强险适用计算机打印的交强险保险单。除摩托车和农用拖拉机可以使用交强险定额保险单外,其他投保车辆必须使用交强险保险单。交强险保险单和交强险批单必须由计算机打印出单,而交强险定额保险单可手工填写,但保险公司必须在7个工作日内补录到计算机系统内。

交强险保险单引入了防伪设计,消费者可以从四个方面识别保险单真伪。

(1) 保险单本身并不平整,而是立体的,由轿车和货车图案作浮雕底纹;

(2) 中间"SALI"字样采用了光栅效果,而文字隐藏在保险单底色中;

图 1-1 交强险保险单样本

（3）左上角的"中国保险监督管理委员会监制"字样以及"限在某某省销售"、地区简称使用红色荧光防伪油墨，在紫外线灯光下发出荧光红色；

（4）缩印文字在 5～10 倍以上的放大镜下清晰可辨。

（二）交强险标志

交强险标志是保险公司向投保人核发的、证明其已经投保交强险的标识，分为内置型保险标志和便携型保险标志两种。具有前风挡玻璃的投保车辆应使用内置型保险标志（如图 1-2 所示），不具有前风挡玻璃的投保车辆（如摩托车、部分拖拉机等）则应使用便携型保险标志。投保人在拿到保险公司出具的交强险保险单和交强险标志后，要认真阅读保险单中的"重要提示"，核对交强险保险单和交强险标志中各种信息是否正确，保管好"交投保人联"和"公安交管部门留存联"，在车辆注册登记、检验时，应携带"公安交管部门留存联"。

图 1-2 内置型交强险标志样式

六、交强险的责任限额

2008 版交强险责任限额见表 1-1。

表 1-1　2008 版交强险责任限额　　　　　　　　　　万元

类型	死亡伤残赔偿限额	医疗费用赔偿限额	财产损失赔偿限额
有责任的赔偿限额	11	1	0.2
无责任的赔偿限额	1.1	0.1	0.01

死亡伤残赔偿限额：是指被保险机动车发生交通事故，保险人对每次保险事故所有受害人的死亡伤残费用所承担的最高赔偿金额。死亡伤残费用包括丧葬费、死亡补偿费、受害人亲属办理丧葬事宜支出的交通费、残疾赔偿金、残疾辅助器具费、护理费、康复费、交通费、被抚养人生活费、住宿费、误工费，被保险人依照法院判决或者调解承担的精神损害抚慰金。

医疗费用赔偿限额：是指被保险机动车发生交通事故，保险人对每次保险事故所有受害人的医疗费用所承担的最高赔偿金额。医疗费用包括医药费、住院费、住院伙食补助费、必要的合理的后续治疗费、整容费、营养费。

财产损失赔偿限额：是指被保险机动车发生交通事故，保险人对每次保险事故所有受害人的财产损失承担的最高赔偿金额。

七、交强险的责任免除

下列损失和费用，交强险不负责赔偿和垫付：
（1）受害人故意造成的交通事故的损失；
（2）被保险人所有的财产及被保险机动车上的财产遭受的损失；
（3）被保险机动车发生交通事故，致使受害人停业、停驶、停电、停水、停气、停产、通信或者网络中断、数据丢失、电压变化等造成的损失以及受害人财产因市场价格变动造成的贬值、修理后因价值降低造成的损失等其他各种间接损失；
（4）产生的仲裁或者诉讼费用以及其他相关费用。

八、交强险的追偿垫付功能

被保险机动车在以下情形下发生交通事故，造成受害人受伤需要抢救的，保险人在接到公安机关交通管理部门要求垫付的通知书和医疗机构出具的抢救费用清单后，按照国务院卫生主管部门组织制定的《道路交通事故受伤人员临床诊疗指南》和国家基本医疗保险标准进行核实。

(1) 驾驶人未取得驾驶资格或者醉酒的；
(2) 被保险机动车被盗抢期间肇事的；
(3) 被保险人故意制造交通事故的。

对于符合规定的抢救费用，保险人在医疗费用赔偿限额内垫付。被保险人在交通事故中无责任的，保险人在无责任医疗费用赔偿限额内垫付。对于其他损失和费用，保险人不负责垫付和赔偿。对于垫付的抢救费用，保险人有权向致害人追偿。

1.1.2 机动车商业保险

据公安部统计，截至 2008 年年底，我国机动车保有量为 169 887 744 辆。其中，汽车 64 672 053 辆，摩托车 89 537 775 辆，挂车 1 014 380 辆，上道路行驶的拖拉机 14 642 694 辆，其他机动车 20 842 辆。机动车使用中包含的复杂风险因素要求一个完善的机动车商业保险体系。

机动车商业保险是与机动车强制保险相对而言的，目前，机动车商业保险还是我国各家财产保险公司的经营主业。机动车商业保险按保障的责任范围可分为基本险和附加险，保险公司可以根据自身特点确定基本险险种和附加险险种，各家保险公司的险种结构不完全相同，但所有的保险公司都把机动车损失保险（以下简称车损险）和第三者责任险列为基本险范畴。

1980 年，我国全面恢复国内财产保险业务，汽车保险业务也随之恢复。随着汽车保险业的迅速发展，国家对汽车保险的条款和费率的管理也日益完善。2000 年，保监会统一制定了《机动车辆保险条款》，实行统一的条款和刚性的费率。但是刚性费率无法兼顾到不同地区市场、不同类型的保险消费者的特点，同时也影响了保险市场的竞争环境，造成保险公司缺乏效率。于是，从 2003 年开始在全国范围内推行车险制度的改革，核心是实现车险产品的费率市场化，建立以偿付能力为核心的新型车险监管体制。各家保险公司结合自身特点推出了具有自己特色的汽车保险产品。我国于 2006 年 7 月 1 日起正式施行的《机动车交通事故责任强制保险条例》，使车损险和第三者责任险发生重大变革，经中国保险行业协会提出，各保险公司经营的商业车险于 2006 年 1 月 1 日开始使用新的条款和费率。

新条款和费率由中国保险行业协会制定，总共有 A、B、C 三款，各家保险公司原有的第三者责任险条款和费率全部废止，实行行业指导性的条款，可供各家保险公司自主选择。目前人保、安邦、中华联合等全国半数经营车险的公司使用 A 款；平安、华安、阳光农业、太平保险等使用 B 款；太平洋保险公司等使用 C 款。A、B、C 三款的险种如表 1-2 所示。

表 1-2 2007 年 4 月 1 日实施的 A、B、C 三款险种

条款	A 款	B 款	C 款
主险	机动车第三者责任保险 家庭自用汽车损失保险 非营业用汽车损失保险 营业用汽车损失保险 特种车保险 摩托车、拖拉机保险 机动车车上人员责任保险 机动车盗抢保险 机动车提车保险	机动车第三者责任保险 车辆损失保险 全车盗抢保险 车上人员责任保险 摩托车、拖拉机保险 机动车单程保险	机动车第三者责任保险 机动车损失保险 车上人员责任保险 单程提车损失险 单程提车三者险 摩托车、拖拉机保险
附加险和特约条款	玻璃单独破碎险 火灾、爆炸、自燃损失险 自燃损失险 车身划痕损失险 可选免赔额特约条款 新增加设备损失险 发动机特别损失险 机动车停驶损失险 不计免赔率特约条款 车上货物责任险 无过失责任险 教练车特约条款 附加油污污染责任险 异地出险住宿费特约条款 代步机动车服务特约条款 更换轮胎服务特约条款 送油、充电服务特约条款 拖车服务特约条款 附加换件特约条款 随车行李物品损失保险 新车特约条款 A 新车特约条款 B 附加交通事故精神损害赔偿责任保险 附加机动车出境保险 起重、装卸、挖掘车辆损失扩展条款 特种车辆固定设备、仪器损坏扩展条款 多次出现增加免赔率特约条款 约定区域通行费用特约条款 指定专修厂特约条款 租车人人车失踪险 法律费用特约条款	玻璃单独破碎险 车身划痕损失险 自燃损失险 车辆停驶损失险 代步车费用险 新增加设备损失险 车上货物责任险 车载货物掉落责任险 附加油污污染责任险 交通事故精神损害赔偿险 轮胎单独损坏险 涉水行驶损坏险 随车行李物品损失保险 保险事故附随费用损失险 车辆重置特约险条款 A 车辆重置特约险条款 B 换件特约条款 系安全带补偿特约条款 指定专修厂特约条款 特种车特约条款 多次事故免赔率特约条款 基本险不计免赔率特约条款 附加险不计免赔率特约条款	自燃损失险 玻璃单独破碎险 新增加设备损失险 车身油漆单独损伤险 涉水损失险 零部件、附属设备被盗抢险 车上货物责任险 精神损害抚慰金责任险 随车携带物品责任险 特种车车辆损失扩展险 特种车固定机具、设备损失险 免税车辆关税责任险 道路污染责任险 车损免赔额特约条款 救援费用特约条款 修理期间费用补偿特约条款 事故附随费用特约条款 更换新车特约条款 多次事故免赔率特约条款 使用安全带特约条款 基本险不计免赔率特约条款 附加险不计免赔率特约条款 法律服务特约条款 节假日行驶区域扩展特约条款 指定专修厂特约条款 换件特约条款

一、机动车商业保险主险

（一）第三者责任险

第三者责任险是指被保险机动车因意外事故，致使他人遭受人身伤亡或财产的直接损失，保险人依照保险合同的规定给予赔偿。这里以 A 款的第三者责任险为例介绍。

1. 保险标的。

第三者责任险的保险标的，为被保险机动车在中华人民共和国境内（不含港、澳、台地区）行驶，以动力装置驱动或者牵引，上道路行驶的供人员乘用或者用于运送物品以及进行专项作业的轮式车辆（含挂车）、履带式车辆和其他运载工具（不包括摩托车、拖拉机和特种车）发生保险责任事故，致使第三者人身伤亡或财物受损，被保险人依法应承担的经济赔偿责任。

2. 保险责任及相关解释。

1）保险责任。

被保险人或其允许的驾驶人在使用被保险机动车过程中发生意外事故，致使第三者遭受人身伤亡或财产直接损毁，依法应当由被保险人承担的损害赔偿责任，保险人依照保险合同的约定，对于超过交强险各分项赔偿限额的部分负责赔偿。

2）相关术语解释。

（1）意外事故。不是行为人故意，而是由不可预知的或者不可抗拒的原因造成损失的突发事件。包括在道路上发生的道路交通事故，以及不在道路上（例如场院、乡间小路）发生的非道路交通事故。前者一般由公安机关交通管理部门依据《道路交通事故处理办法》处理，后者一般由出险当地政府参照《道路交通事故处理办法》处理。

（2）第三者。在保险合同中，保险人是第一方，也叫第一者；被保险人或致害人是第二方，也叫第二者；除保险人与被保险人之外的，因被保险机动车的意外事故而遭受人身伤害或财产损失的受害人是第三方，也叫第三者。

（3）人身伤亡。人的身体受到伤害或人的生命终止。

（4）直接损毁。被保险机动车发生意外事故，直接造成事故现场他人现有财产的实际损毁。

（5）依法应当由被保险人承担的赔偿责任。依照道路交通事故处理规定和有关法律、法规，由被保险人或其允许的驾驶人承担的赔偿责任。

（6）被保险人或其允许的驾驶人应同时具备以下两个条件：

①被保险人本人以及经被保险人委派、雇用或许可的驾驶人员；

②驾驶被保险机动车的驾驶人必须持有效驾驶证，且驾驶的机动车与驾驶证规定的准驾车型相符；驾驶出租车或者营业性客车的还需要具备交通运输管理部门核发的许可证。

3. 责任免除。

1）被保险机动车造成下列人身伤亡或财产损失，不论在法律上是否应当由被保险人承担赔偿责任，保险人均不负责赔偿。

(1) 被保险人及其家庭成员的人身伤亡、所有或代管的财产的损失。

(2) 被保险机动车驾驶人及其家庭成员的人身伤亡、所有或代管的财产的损失。

(3) 被保险机动车上其他人员的人身伤亡或财产损失。

被保险人或其允许的驾驶人所有或代管的财产指的是被保险人或其允许的驾驶人自有的财产，或与他人共有财产的自有部分，或代替他人保管的财产。被保险机动车上其他人员指除驾驶员以外的人员，包括车辆行驶中或车辆未停稳时非正常下车的人员。

对于有些规模较大的投保单位，"自有的财产"可以掌握在其所属各自独立核算单位的财产范围内。例如，某运输公司下属甲、乙两个车队各自独立核算，由运输公司统一投保第三者责任险后，甲队车辆撞坏甲队的财产，保险人不予负责赔偿，甲队车辆撞坏乙队的财产，保险人可予以负责赔偿。

第三者责任险在财产损失赔偿上掌握的原则是：肇事者本身不能获得赔偿，保险人付给受害方的赔款最终不能落到被保险人手中，但碰撞标的均投保了车损险的可酌情处理。

如甲、乙两车的被保险人都是同一个单位，而且在财务核算上也是同一核算单位。两车均单独投保第三者责任险，甲、乙两车相撞造成两车不同程度损坏，保险人不予赔偿。

又如甲、乙两车的被保险人都是同一个单位，而且在财务核算上也是同一核算单位。甲车投保了车损险及第三者责任险，乙车单保第三者责任险。两车碰撞，甲车损失10 000元、乙车损失5 000元，甲车负主要责任（承担70%的责任），乙车负次要责任（承担30%的责任）。赔偿方式是保险人赔偿甲车的车损险7 000元，乙车的一切损失及应承担甲车的30%的经济责任一概不予赔偿。

私有、个人承包车辆的被保险人家庭成员，可根据独立经济的户口划分区别。例如：父母、兄弟多人，各自另立户口分居，家庭成员指每户中的成员，而不能单纯按是否直系亲属来划分。夫妻分居两地，虽有两个户口，因两者经济上并不独立，实际上是合一的，所以只能视为一个户口。

2) 被保险机动车拖带未投保第三者责任险的车辆（含挂车）或被未投保第三者责任险的其他车辆拖带。

被保险机动车拖带车辆（含挂车）或其他拖带物，二者当中至少有一个未投保第三者责任险的，无论是被保险机动车拖带未保险车辆，还是未保险车辆拖带被保险机动车，都属于被保险机动车增加危险程度，超出了保险责任正常所承担的范围，故由此产生的任何损失，保险人不予赔偿（公安机关交通管理部门的清障车拖带障碍车不在此列）。但被保险机动车和拖带车辆均投保了车损险的，发生车损险责任范围内的损失时，保险人应对车辆损失部分负赔偿责任。

3) 其他免责情况。

(1) 被保险机动车发生保险事故受损后，丧失行驶能力，从受损到修复这一期间，被保险人停止营业或不能继续运输等造成的损失，保险人均不负责赔偿。

被保险机动车发生意外事故致使第三者营业停止、车辆停驶、生产或通信中断和不能正常供电、供水、供气的损失以及由此引起的其他人员、财产或利益的损失，不论在法律上是否应当由被保险人负责，保险人都不负责赔偿。

（2）精神损害，包括因保险事故引起的、无论是否依法应由被保险人承担的任何有关精神损害，保险人不负责赔偿。

4. 第三者责任险与交强险的关系。

机动车所有人、管理者按照规定投保交强险后，第三者责任险是否投保取决于需求。从目前情况来看，《道路交通安全法》和《最高人民法院关于审理人身损害赔偿案件适用若干问题的解释》的相关规定，使交强险的赔付范围扩大、赔偿标准提高，但交强险只能提供基本保障，保障赔偿金额较低。因此，出于对家庭和社会负责的角度考虑，机动车所有人、管理者在投保交强险的同时，可以投保第三者责任险作为补充，以有效分散风险。当然，在机动车所有人、管理者投保交强险和第三者责任险两类保险的情况下，当发生交通事故时，应由交强险先行赔付，不足部分再由第三者责任险赔付。这为交通事故受害人设置了双重保护，更加有利于保证交通事故受害人得到及时救助，保护受害人的利益，符合交强险的宗旨和目的。

交强险和第三者责任险的区别主要有以下几方面：

1）交强险处于赔付最前沿，但凡发生交通事故，只要造成人身伤亡、财产损失，保险公司就要先行赔付。超过限额部分，再由相关人员承担。而第三者责任险则是"有责赔付"，只在投保人有责任时才赔付。

2）未按规定投保交强险的车主将面临高额罚款，处罚所得的款项用于国家设立的救助基金。如果发生交通事故时，先由保险公司按照交强险责任限额进行赔付，超过保险责任限额部分将由救助基金垫付。

3）第三者责任险的每次事故最高赔付限额分为5万元、10万元、20万元、50万元、100万元，由被保险人自愿投保。而交强险的赔付金额最高为12.2万元。

车主如果希望自己的机动车得到更好的保障，在投保交强险后都应补充第三者责任险。一般大的交通事故赔付金额都在20万元以上，交强险只有12.2万元保险金额是远远不够的。由于交强险实行固定费率、固定保险金额，对那些高风险人群，选择20万元或以上的第三者责任险是必不可少的。

（二）车损险

车损险，是指被保险机动车遭受保险责任范围内的自然灾害或意外事故，造成本身损失，保险人依照保险合同的规定给予赔偿。车损险为不定值保险，在车损险的保险合同中不确定保险标的的保险价值，只列明保险金额，将保险金额作为最高赔偿限额。

1. 保险标的。

1）家庭自用汽车。

家庭自用汽车，是指在中华人民共和国境内（不含港、澳、台地区）行驶的家庭或个人所有，且用途为非营业性运输的核定座位在9座以下的客车。

2）非营业用汽车。

非营业用汽车，是指在中华人民共和国境内（不含港、澳、台地区）行驶的党政机关、企事业单位、社会团体、使领馆等机构从事公务或在生产经营活动中不以直接或间接方式收取运费或租金的自用汽车，包括客车、货车、客货两用车。

3）营业用汽车。

营业用汽车，是指在中华人民共和国境内（不含港、澳、台地区）行驶的，用于客、货运输或租赁，并以直接或间接方式收取运费或租金的汽车。

2. 保险责任。

被保险人或其允许的驾驶人在使用被保险机动车的过程中，因下列原因造成被保险机动车的损失，保险人负责赔偿：

被保险人或其允许的驾驶人应同时具备两个条件：第一，被保险人或其允许的驾驶人是指被保险人本人以及经被保险人委派、雇用或认可的驾驶被保险机动车的人员。第二，驾驶人必须持有效驾驶证，并且所驾车辆与驾驶证规定的准驾车型相符；驾驶出租汽车或营业性客车的驾驶员还必须具备交通运输管理部门核发的许可证书或其他必备证书，否则仍认定为不合格。

使用被保险机动车的过程是指被保险机动车作为一种工具被运用的整个过程，包括行驶和停放。例如，被保险的吊车固定车轮后进行吊卸作业属于使用过程。

1）车损险条款中约定的灾害事故。

车损险条款的保险责任采用列明式，未列明的不属于保险责任。条款中列明的意外事故或自然灾害造成被保险机动车的直接损失，保险人负责赔偿。车损险条款中约定的灾害事故包括以下几类：

（1）碰撞、倾覆、坠落。

①碰撞：指被保险机动车与外界静止的或运动中的物体的意外撞击。碰撞造成的损失包括两种情况：一是被保险机动车与外界物体的意外撞击造成的本车损失；二是被保险机动车按《道路交通安全法》关于车辆装载的规定载运货物（当车辆装载货物不符合装载规定时，须报请公安机关交通管理部门批准，并按指定时间、路线、时速行驶），车与货即视为一体，所装货物与外界物体的意外撞击造成的本车损失。同时，碰撞应是被保险机动车与外界物体直接接触。被保险机动车的人为划痕不属本保险责任。

②倾覆：由于自然灾害或意外事故，造成被保险机动车本身翻倒，车体触地，失去正常状态和行驶能力，不经施救不能恢复行驶，属于本保险责任。

③坠落：指被保险机动车在行驶中发生意外事故，整车腾空（包括翻转360°以上）后，仍四轮着地，所产生的损失，属于本保险责任。

（2）火灾、爆炸。

①火灾：指在时间或空间上失去控制的燃烧所造成的灾害。被保险机动车本身以外的火源及基本险的车损险所列的灾害事故造成的燃烧，导致被保险机动车的损失，属于本保险责任。

②爆炸：仅指化学性爆炸，发动机因其内部原因发生爆炸或爆裂，轮胎爆炸等，不属本保险责任。

（3）外界物体平行坠落、倒塌。

①外界物体平行坠落：陨石或飞行器等空中掉落物体所致的被保险机动车的损失，吊

车的吊物脱落以及吊钩或吊臂的断落等造成被保险机动车的损失，属本保险责任。但吊车本身在操作时由于吊钩、吊臂上下起落砸坏被保险机动车的损失，不属本保险责任。

②外界物体倒塌：指被保险机动车自身以外，由物质构成并占有一定空间的个体倒下或陷下，造成被保险机动车的损失。如地上或地下建筑物坍塌，树木倾倒致使被保险机动车受损，都属本保险责任。

（4）暴风、龙卷风。

①暴风：风力速度在 28.5 m/s（相当于 11 级大风）以上。在实际操作层面上，只要风力速度达 17.2 m/s（相当于 8 级风），造成被保险机动车的损失，即构成本保险责任。

②龙卷风：一种范围小而时间短的猛烈旋风，平均风速一般在 79～103 m/s，极大风速一般在 100 m/s 以上。龙卷风造成的损失属于本保险责任。

（5）雷击、雹灾、暴雨、洪水、海啸。

①雷击：由雷电直接击中被保险机动车或通过其他物体引起被保险机动车的损失，均属于本保险责任。

②雹灾：由冰雹降落造成的损失，属于本保险责任。

③暴雨：每小时降雨量达 16 mm 以上，或连续 12 小时降雨量达 30 mm 以上，或连续 24 小时降雨量达 50 mm 以上的暴雨造成的损失，属于本保险责任。

④洪水：凡江河泛滥，山洪，潮水上岸及倒灌，致使被保险机动车遭受泡损、淹没的损失，都属于本保险责任。

⑤海啸：由海啸导致海水上岸泡损、淹没、冲失被保险机动车，均属于本保险责任。

（6）地陷、冰陷、崖崩、雪崩、泥石流、滑坡。

①地陷：地表突然下陷造成被保险机动车的损失，属于本保险责任。

②冰陷：在公安机关交通管理部门允许车辆行驶的冰面上，被保险机动车在通过时，冰面突然下陷造成被保险机动车的损失，属于本保险责任。

③崖崩：石崖、土崖因自然风化、雨蚀而崩裂下塌，或山上岩石滚落，或雨水使山上沙土透湿而崩塌，致使被保险机动车遭受的损失，属于本保险责任。

④雪崩：大量积雪突然崩落造成被保险机动车的损失，属于本保险责任。

⑤泥石流：山地突然爆发饱含大量泥沙、石块的洪流，致使被保险机动车遭受的损失，属于本保险责任。

⑥滑坡：斜坡上不稳的岩石或土在重力作用下突然整体向下滑动，造成被保险机动车的损失，属于本保险责任。

⑦载运被保险机动车的渡船遭受自然灾害（只限于有驾驶人随车照料）：被保险机动车在行驶途中，因需跨过江河、湖泊、海峡才能恢复到道路行驶而过渡，驾驶员把车辆开上渡船，并随车照料到对岸，这期间因遭受自然灾害，致使被保险机动车本身发生的损失，保险人予以赔偿。由货船、客船、客货船或滚装船等运输工具承载被保险机动车的过渡，不属于本保险责任。

2）合理的施救费用。

被保险机动车在遭受保险责任范围内的自然灾害或意外事故时，为了减少车辆损失，采取施救、保护措施所支出的合理费用，保险人负责赔偿。此项费用不包括车辆的修复费用。

施救措施是指发生保险责任范围内的灾害或事故时，为减少和避免被保险机动车的损失所实施的抢救行为。保护措施是指保险责任范围内的自然灾害或意外事故发生以后，为防止被保险机动车损失扩大和加重的行为。例如：被保险机动车受损后不能行驶，雇人在事故现场看守的合理费用（不得超过3天，每天3人，参照劳动力平均收入计算），由当地有关部门出具证明的可以赔偿。

合理费用是指保护措施、施救措施支出的费用是直接的、必要的，并符合国家有关的政策规定。

3. 责任免除。

被保险机动车的下列损失和费用，保险人不负责赔偿。

（1）自然磨损、锈蚀、故障、轮胎单独损坏。

①自然磨损：指车辆由使用造成的机件损耗。

②锈蚀：指机件与有害气体、液体相接触，被腐蚀损坏。

③故障：由于车辆某个部件或系统性能发生问题，影响车辆的正常工作。

④轮胎单独损坏：指被保险机动车在使用过程中，不论何种原因造成轮胎的单独破损。

但由自然磨损、锈蚀、故障、轮胎单独损坏而引起的保险事故（如碰撞、倾覆等），造成被保险机动车其他部位的损失，保险人应予以赔偿。

（2）玻璃单独破碎、无明显碰撞痕迹的车身划痕。

玻璃包括风挡玻璃、车窗玻璃。

（3）人工直接供油、高温烘烤造成的损失。

人工直接供油是指不经过车辆正常供油系统的供油；高温烘烤包括无论是否使用明火，凡违反车辆安全操作规则的加热、烘烤升温的行为。

（4）自燃以及不明原因引起火灾造成的损失。

①自燃：指没有外界火源，被保险机动车也未发生碰撞、倾覆的情况下，由被保险机动车本车漏油或电器、线路、供油系统、载运的货物等自身发生问题引起的火灾。

②不明原因的火灾：公安机关消防部门的《火灾原因认定书》中认定的起火原因不明的火灾。

（5）遭受保险责任范围内的损失后，未经必要修理继续使用，致使损失扩大。

这是指被保险机动车因发生保险事故遭受损失后，没有及时进行必要的修理，或修理后车辆未达到正常使用标准而继续使用，造成被保险机动车损失扩大。

（6）车辆标准配置以外，未投保的新增设备的损失。

（7）被保险机动车在停放或行驶的过程中，被水淹及排气筒或进气管，驾驶人继续启动车辆或利用惯性启动车辆，以及车辆被水淹后转移至高处，或水退后未经必要的处理而启动车辆，造成的发动机损坏。

（8）被保险机动车所载货物坠落、倒塌、撞击、泄漏造成的损失。

受本车所载货物撞击的损失指被保险机动车行驶时，车上货物与本车相互撞击，造成本车的损失。车辆所载货物坠落造成的损失是指被保险机动车装载的货物从车上掉下砸伤他人或砸坏他人财产。

（9）摩托车停放期间因翻倒造成的损失。

这是指两轮摩托车或轻便摩托车停放期间由翻倒造成的车辆损失。

4. 车损险与第三者责任险共同的责任免除。

1）下列情况下，不论任何原因造成被保险机动车损失和对第三者的经济赔偿责任，保险人均不负责赔偿。

（1）地震、战争、军事冲突、暴乱、扣押、罚没、政府征用。

①地震：因地壳发生急剧的自然变异，影响地面而发生震动的现象。无论地震使被保险机动车直接受损，还是地震造成外界物体倒塌所致被保险机动车的损失，保险人都不负责赔偿。

②战争：国家与国家、民族与民族、政治集团与政治集团之间为了一定的政治、经济目的而进行的武装斗争。

③军事冲突：国家或民族之间在一定范围内的武装对抗。

④暴乱：破坏社会秩序的武装骚动。

上述的战争、军事冲突和暴乱以政府宣布的为准。

⑤扣押：指采用强制手段扣留被保险机动车。

⑥罚没：指司法或行政机关没收违法者的被保险机动车作为处罚。

⑦政府征用：特指政府利用行政手段有偿或无偿占用被保险机动车。

（2）竞赛、测试、在营业性维修场所修理或养护期间。

①竞赛：指被保险机动车作为赛车直接参加车辆比赛活动。

②测试：指对被保险机动车的性能和技术参数进行测量或试验。

③在营业性修理场所修理或养护期间：指被保险机动车进入维修厂（站、店）修理或维护期间，由自然灾害或意外事故所造成的被保险机动车或他人的损失。

其中营业性修理场所是指被保险机动车进入以营利为目的的修理厂（站、店）；修理或养护期间是指被保险机动车从进入维修厂（站、店）开始到修理或维护结束并验收合格提车时止，包括修理或维护过程中的测试。

（3）利用被保险机动车从事违法活动。被保险人及其允许的驾驶人不能利用被保险机动车从事法律、法规和有关规定所不允许的活动和经营。

（4）驾驶人饮酒、吸食或注射毒品、被药物麻醉后使用被保险机动车。

①驾驶人饮酒：指驾驶人饮酒后开车，可根据下列之一来判定：公安机关交通管理部门处理交通事故时做出的酒后驾车结论；有饮酒后驾车的证据。

②吸毒：指驾驶人吸食或注射鸦片、海洛因、大麻、可卡因以及国家规定管制的其他能够使人形成瘾癖的麻醉药品和精神药品。

③被药物麻醉：指驾驶人吸食或注射有麻醉成分的药品，整个身体或身体的某一部分暂时失去控制。

（5）被保险机动车肇事逃逸。

被保险机动车肇事逃逸是指被保险机动车肇事后，为了逃避法律法规制裁，逃离肇事现场的行为。

（6）驾驶人有下列情形之一的：

①无驾驶证或驾驶车辆与驾驶证准驾车型不相符。

②公安机关交通管理部门规定的其他属于无有效驾驶证的情况下驾车，有以下几种情况：

- 持军队或武警部队驾驶证驾驶地方车辆；持地方驾驶证驾驶军队或武警部队车辆；
- 持学习驾驶证学习驾车时，无教练员随车指导，或不按指定时间、路线学习驾车；
- 实习期驾驶大型客车、电车、起重车和带挂车的汽车时，无正式驾驶员并坐监督指导；
- 实习期驾驶执行任务的警车、消防车、工程救护车、救护车和载运危险品的车辆；
- 持学习驾驶证及实习期在高速公路上驾车；
- 驾驶人持审验不合格的驾驶证，或未经公安机关交通管理部门同意，持未审验的驾驶证驾车；
- 公安机关交通管理部门规定的其他属于无效驾驶证的情况。

③使用各种专用机械车、特种车的人员无国家有关部门核发的有效操作证；驾驶营业性客车的驾驶人无国家有关部门核发的有效资格证。

（7）非被保险人允许的驾驶人使用被保险机动车。

这是指被保险人或其允许的驾驶人以外的其他人员使用被保险机动车。

（8）被保险机动车不具备有效行驶证件。

（9）因污染（含放射性污染）造成的损失。

污染包括被保险机动车在正常使用过程中，由车辆油料或所载货物的泄漏造成的污染，以及被保险机动车发生事故导致本车或第三者车辆的油料或所载货物的泄漏造成的污染。

车辆所载货物泄漏，指被保险机动车装载液体、气体因流洒、渗漏而对外界一切物体造成腐蚀、污染、人畜中毒、植物枯萎以及其他财物的损失。例如：被保险机动车漏油造成对路面的损害。

不论是否发生保险事故，被保险机动车本身及被保险机动车所载货物泄漏造成的对外界任何污染而引起的补偿和赔偿，保险人都不负责赔偿。

（10）被保险机动车或第三者财产因市场价格变动造成的贬值、修理后因价值降低引起的损失。

（11）被保险机动车被盗窃、抢劫、抢夺期间造成第三者人身伤亡或财产损失，以及因被盗窃、抢劫、抢夺受到损坏或车上零部件、附属设备丢失。

被保险机动车全车被盗窃、抢劫、抢夺期间，指被保险机动车被盗窃、抢劫、抢夺行为发生之时起至公安部门将该车收缴之日止。

附属设备，指购买新车时，随车装备的基本设备。随车工具、新增设备等不属于附属设备。

被保险机动车全车被盗窃、抢劫、抢夺期间发生交通事故,造成第三者的人身伤亡或财产损失,保险人不负赔偿责任。

(12) 被保险人或其允许的驾驶人的故意行为造成的损失。

被保险人或其允许的驾驶人的故意行为是指明知自己可能造成损害的结果,而仍希望或放任这种结果的发生。

2) 其他不属于保险责任范围内的损失和费用。

(1) 不属于基本险条款规定的车损险责任范围内的损失和费用。

(2) 不属于基本险条款规定的第三者责任险范围内的损失和费用。

(3) 按时交纳保险费是投保人应尽的义务,保险事故发生前,未按书面约定履行交纳保险费义务的,保险人不负责赔偿。

(4) 除本保险合同另有书面约定外,发生保险事故时被保险机动车没有公安机关交通管理部门核发的行驶证和号牌,或未按规定检验或检验不合格,保险人不负责赔偿。

在保险合同另有书面约定的情况下,保险人应承担保险责任。其中,"另有书面约定"是指保险合同中所做出明示的、与该条文内容相反的约定。如:保险合同中特别约定承保的,在特定区域内行驶的,没有公安机关交通管理部门核发的正式号牌的特种车(矿山机械车、机场内专用车等);或政府部门规定需先投保后检验核发号牌的新入户车辆等。

(三) 车上人员责任险

1. 保险责任。

发生意外事故,造成被保险机动车上人员的人身伤亡,依法应由被保险人承担的经济赔偿责任,保险人负责赔偿。

投保了本保险的机动车在使用过程中发生意外事故,致使车上人员的人身伤亡,依法应由被保险人承担的经济赔偿责任,以及被保险人为减少损失而支付的必要的、合理的施救、保护费用,保险人在保险单所载明的该保险赔偿限额内计算赔偿。

2. 责任免除。

(1) 违章搭乘人员的人身伤亡。违章搭乘人员是指客货混载或超过核定载客数载客等。

(2) 车上人员因疾病、分娩、自残、殴斗、自杀、犯罪行为造成的人身伤亡或在车下时遭受的人身伤亡。

3. 责任限额。

车上人员每人责任限额和投保座位数由投保人和保险人在投保时协商确定。投保座位数以被保险机动车的核定载客数为限。

保险事故发生时,如车上人员伤亡数多于投保座位数,保险人仅承担其中的投保座位数部分的赔偿责任。

核定载客数是指被保险机动车行驶证所载明的载客数。

(四) 全车盗抢险

1. 保险责任。

保险期间内,被保险机动车的下列损失和费用,保险人依照保险合同的约定负责赔偿:

（1）被保险机动车被盗窃、抢劫、抢夺，经出险当地县级以上公安刑侦部门立案证明，满60天未查明下落的全车损失；

（2）被保险机动车全车被盗窃、抢劫、抢夺后，受到损坏或车上零部件、附属设备丢失需要修复的合理费用；

（3）被保险机动车在被抢劫、抢夺过程中，受到损坏需要修复的合理费用。

2. 责任免除。

下列情况下，不论任何原因造成被保险机动车损失的，保险人均不负责赔偿：

（1）竞赛、测试、教练，在营业性维修、养护场所修理、养护期间；

（2）利用被保险机动车从事违法活动；

（3）租赁的被保险机动车与承租人同时失踪；

（4）被保险机动车转让他人，未向保险人办理批改手续；

（5）除另有约定外，发生保险事故时被保险机动车无公安机关交通管理部门核发的行驶证或号牌，或未按规定检验或检验不合格；

（6）被保险人索赔时，未能提供机动车停驶手续或出险当地县级以上公安刑侦部门出具的盗抢立案证明；

（7）标准配置以外新增设备的损失；

（8）非全车遭盗窃，仅车上零部件或附属设备被盗窃或损坏；

（9）被保险机动车被诈骗、扣押、收缴、没收造成的全车和部分损失；

（10）被保险人因民事、经济纠纷而导致被保险机动车被抢劫、抢夺；

（11）被保险人及其家庭成员、被保险人允许的驾驶人的故意行为或违法行为造成的损失；

（12）被保险机动车被盗窃、抢劫、抢夺期间造成人身伤亡或本车以外的财产损失。

3. 保险金额。

保险金额由投保人和保险人在投保时被保险机动车的实际价值内协商确定。

当被保险机动车的实际价值高于购车发票金额时，以购车发票金额确定保险金额。

上述内容规定了全车盗抢险保险金额的确定方式，保险金额在投保时被保险机动车的实际价值内协商确定，最高不得超过实际价值。

二、附加险与特约条款

（一）玻璃单独破碎险

投保了车损险的机动车，可投保本附加险。

1. 保险责任。

保险车辆风挡玻璃或车窗玻璃的单独破碎，保险人负责赔偿。

2. 投保方式。

投保人与保险人可协商选择按进口或国产玻璃投保。保险人根据协商选择的投保方式承担相应的赔偿责任。

3. 责任免除。

安装、维修车辆过程中造成的玻璃单独破碎，保险人可免除责任。除此之外还包括以下内容：

（1）灯具玻璃、车镜玻璃破碎，保险人不负责赔偿；

（2）被保险人或其允许的驾驶人的故意行为造成的玻璃破碎，保险人也不负责赔偿。

玻璃单独破碎险可以从以下几方面来理解：

（1）本附加险所指玻璃，仅指被保险机动车的风挡玻璃和车窗玻璃；

（2）被保险机动车灯具玻璃、车镜玻璃破碎均不属于本附加险责任；

（3）发生玻璃单独破碎后，保险人按受损玻璃的实际修复费用给予赔偿；

（4）选择进口风挡玻璃投保的，按进口风挡玻璃的价格予以赔偿；选择国产风挡玻璃投保的，按国产风挡玻璃的价格予以赔偿；

（5）本附加险不计免赔。

（二）车身划痕损失险

1. 适用范围。

适用于已投保车损险的家庭自用或非营业用、使用年限在3年以内、9座以下的汽车。

2. 保险责任。

无明显碰撞痕迹的车身划痕损失，保险人负责赔偿。通常理解为车身表面只需用涂饰修理工艺即可修复的损伤。

3. 责任免除。

（1）被保险人及其家庭成员、驾驶人员及其家庭成员的故意行为造成的损失。

（2）因投保人、被保险人与他人的民事、经济纠纷导致的任何损失。

（3）车身表面自然老化、损坏、腐蚀造成的任何损失。

（4）本附加险每次赔偿实行15%的绝对免赔率，不适用主险中的各项免赔率、免赔额的约定。

4. 保险金额。

保险金额为2 000元、5 000元、10 000元、20 000元，由投保人和保险人在投保时协商确定。

（三）自燃损失险

投保了车损险的机动车，可投保本附加险。

1. 保险责任。

（1）保险期间内，在没有外界火源的情况下，由本车电器、线路、供油系统、供气系统等被保险机动车自身原因或所载货物自身原因起火燃烧造成本车的损失。

（2）发生保险事故时，被保险人为防止或者减少被保险机动车的损失所支付的必要的、合理的施救费用，由保险人承担；施救费用在被保险机动车损失赔偿金额以外另行计算，最高不超过本附加险的保险金额。

2. 责任免除。

（1）自燃仅造成电器、线路、油路、供油系统、供气系统的损失。

（2）由擅自改装、加装电器及设备导致被保险机动车起火造成的损失。

（3）被保险人在使用被保险机动车过程中，因人工直接供油、高温烘烤等违反车辆安全操作规则造成的损失。

（4）本附加险每次赔偿实行20%的绝对免赔率，不适用主险中的各项免赔率、免赔额的约定。

3. 保险金额。

保险金额由投保人和保险人在投保时被保险机动车的实际价值内协商确定。

（四）不计免赔险

保险责任经特别约定，保险事故发生后，按对应的投保险种，应当由被保险人自行承担的免赔偿金额，保险人负责赔偿。

下列应由被保险人自行承担的免赔金额，保险人不负责赔偿：

（1）车损险中应当由第三方负责赔偿而确实无法找到第三方的；

（2）因违反安全装载规定发生事故的；

（3）同一保险年度内多次出险，每次增加免赔率；

（4）非允许的驾驶人使用被保险机动车发生保险事故的；

（5）附加盗抢险或附加火灾、爆炸、自燃损失险或附加自燃损失险中约定的。

实训一　推介交强险

任务描述：

5月18日，接到总部网销专员通知，有客户张先生打算购买车险，但希望面谈，5月19日上午9:00上门拜访张先生，为张先生进行车险业务介绍。

你作为PICC（中国人民保险集团股份有限公司）的车险销售人员，在进行保险推介时，如何向他介绍交强险？

实训目的：

能够为客户介绍交强险。

实训要求：

1. 根据每天的实训内容进行实训总结，即实训报告；

2. 话术规范，清晰明了，介绍内容全面；

3. 严守实训的纪律，吃苦耐劳。

实训实施方案：

1. 呈现交强险相关案例，带领学生进入实际案例情境，学生以PICC车险销售人员的身份进入情境；

2. 介绍交强险特征；

3. 介绍交强险责任限额；

4. 介绍责任免除条款；

5. 介绍垫付追偿功能；

6. 与参考话术进行对比，规范各环节操作；

7. 现场实操：学院张老师购买了一辆新车，对于交强险不是很了解，想知道交强险都能保障哪些内容，请你为张老师进行讲解。

实训二　推介机动车商业险

任务描述：

5月18日，接到总部网销专员通知，有客户张先生打算购买车险，但希望面谈，5月19日上午9：00上门拜访张先生，为张先生进行车险业务介绍。

你作为PICC的车险销售人员，在进行保险推介时，如何向他推介机动车商业险？

实训目的：

能够为客户介绍机动车商业险。

实训要求：

1. 根据每天的实训内容进行实训总结，即实训报告；

2. 语言清晰明了，介绍内容全面；

3. 严守实训的纪律，吃苦耐劳。

实训实施方案：

1. 呈现商业险相关案例，带领学生进入实际案例情境，学生以PICC车险销售人员的身份进入情境；

2. 介绍第三者责任险；

3. 介绍车损险；

4. 介绍车上人员责任险；

5. 介绍全车盗抢险；

6. 与参考话术进行对比，规范各环节操作；

7. 现场实操：张先生刚刚购买了一辆新车，现在打算购买商业保险，但是对第三者责任险不太了解，不明白交强险和第三者责任险的区别，请你为张老师进行讲解。

单元二　汽车保险销售策略

单元要点

汽车保险的六种组合方案。

相关知识

1.2.1　保险方案设计

保险销售人员应从投保人的实际角度出发，替有意投保的单位或个人提供科学、完整的投保方案。由于不同的投保人风险特征、风险概率、风险程度不同，因而对保险的需求也不相同，这就要求保险销售人员从投保人自身风险保障需要的角度出发，合理地设计出保险方案。

一、保险方案设计的基本原则

1. 充分保障的原则。

在对投保人进行充分风险评估的基础上，设计出一套适合投保人的保险险种，应将投保人容易发生的、相对出险率较大的风险包括进去，从而达到充分保障的要求。

2. 经济实用的原则。

在制定保险方案时，应充分考虑各险种的必要程度，避免提供不必要的保障。这里所说的经济实用并非取决于保险价格的高低，而是应清楚与价格对应的赔偿标准和免赔额的确定。

3. 诚信的原则。

诚信是保险销售人员维护公司声誉和顺利开展业务的根本保证，因此，保险销售人员应将涉及的权利和义务进行充分、准确的告知，特别是可能会对投保人或被保险人产生不利影响的规定应详细告知。

二、保险方案设计的基本步骤

（1）充分了解投保人投保车辆的数量、种类、用途、行驶区域等有关情况以及投保人的经济承受能力，准确掌握投保人的投保要求和保险需求。

（2）从专业的角度对投保人可能面临的风险进行识别和评估，并向投保人做合理解释。

（3）根据投保人的实际情况和风险评估的结果向投保人介绍合理的险种、相应险种的有关条款及其含义，设计出让投保人满意的最佳保险方案。

三、保险方案设计的主要内容

（1）保险人情况介绍。
（2）投保标的的风险评估。
（3）保险方案的总体建议。
（4）使用保险条款以及保险条款解释。
（5）保险金额和赔偿限额的确定。
（6）免赔额以及使用情况。

1.2.2 保险方案推荐

除交强险是强制责任险，按规定任何车辆都必须投保外，其他险种则在很大程度上依赖于车主（投保人）的经济情况，可根据自己的经济实力与实际需求有选择地进行投保。以下推荐5种机动车保险方案。

一、最低保障型

（1）险种组合：交强险。
（2）保障范围：第三者的损失。
（3）保险分析：交强险属依法强制保险，必须投保。它具有费用低、对第三者中的人的死亡及伤残高额保障等特点，由交管部门备案。
（4）缺点：对第三者中的物品损坏及人员轻伤保障额度不高，一旦发生撞车或撞人，对方的损失只能得到保险公司的部分赔偿，且自己车辆的损失只能自己负担。
（5）适用对象：急于上牌照或通过年检的个人；驾驶经验丰富，且开车稳重的车主；中低档老车。

二、基本保障型

（1）险种组合：车损险 + 交强险。
（2）保障范围：交通事故中造成的第三者人和物的损失，由自然灾害和意外事故造成车辆自身的损失。
（3）保险分析：车辆损坏和第三者责任是车辆使用过程中最容易遇到的两种风险，对于保费预算约束较大的人士，因为已经投保了交强险，第三者责任方面有了一定的保障，可以适当投保一定金额的车损险，建议在自身经济条件宽裕后再根据情况适当补充其他险种。

（4）缺点：交强险的责任限额只有12.2万元，保障能力有限，且车损险中会有约15%的免赔额需要自己负担。

（5）适用对象：适合经济压力较大，保费预算不充分的人士。

三、经济保障型

（1）险种组合：交强险＋车损险＋第三者责任险＋不计免赔率特约条款。

（2）保障范围：交通事故中造成的第三者人和物的损失，由自然灾害和意外事故造成车辆自身的损失。

（3）保险分析：虽然已被强制购买交强险，但由于交强险的责任限额只有12.2万元，保障能力有限，难以应付重大人员伤亡事故，因此一般还应购买第三者责任险。购买额度可以根据自己的驾驶技术和经验确定，对于经验丰富的老手，可以考虑少买或不买，对于经验不足的新手，第三者责任险应该属于必备之列。

（4）适用对象：注重基本保障，又不想多支出保费的人士。

四、最佳保障型

（1）险种组合：交强险＋车损险＋第三者责任险＋不计免赔率特约条款＋全车盗抢险。

（2）保障范围：交通事故中造成的第三者人和物的损失，由自然灾害和意外事故造成车辆自身的损失，车辆被盗抢。

（3）保险分析：在车损险、第三者责任险中，保险公司一般都会约定，按照被保险机动车驾驶人员在事故中的责任，在复核赔偿规定的金额内实行一定的免赔率，只赔偿实际损失的80%~95%，这可能使被保险人在实际获得赔偿方面产生较大的损失，通过投保不计免赔率特约条款，在这两个险种上才能得到应该承担损失的100%赔偿。此方案是最有价值的险种组合，保险性价比最高。除车损险和第三者责任险两个最基本险种外，人们最关心的丢失和100%赔付等大风险都有保障。据统计，有些车型往往成为盗贼的最爱，建议该系列车主在加强防范的同时，可根据自身情况投保全车盗抢险。

（4）适用对象：精打细算的人士。

五、优化保障型

（1）险种组合：交强险＋车损险＋第三者责任险＋全车盗抢险＋车上人员责任险＋不计免赔率特约条款。

（2）保障范围：交通事故中造成的第三者人和物的损失，由自然灾害和意外事故造成车辆自身的损失，车辆被盗抢，车上人员的人身伤亡。

（3）保险分析：如果只是投保车损险和第三者责任险，甚至加上全车盗抢险，而车中的人却没有任何保障，这显然是不可取的。如果车上一般乘坐的都是家庭成员，而且被保险人和家庭成员都已经投保过人寿保险中的意外伤害保险和意外医疗保险，作为私人轿车，则可考虑不再购买车上人员责任险。如果符合上述条件但没有投保意外伤害保险和意外医疗保险，建议最好还是选择投保意外保险，因为这样所需交纳的保费远远低于车上人员责任险，而且还保障交通事故以外发生的其他意外事故造成的损失。

（4）适用对象：一般公司或个人。

六、完全保障型

（1）险种组合：交强险+车损险+第三者责任险+全车盗抢险+车上人员责任险+不计免赔率特约条款+车身划痕险+玻璃单独破碎险。

（2）保障范围：最为全面的保障，车、车上人员、第三者的损失。

（3）保险分析：几乎与车有关的全部事故损失都能得到赔偿，投保人不必为少保某一险种而得不到赔偿，承担投保决策失误的损失。当然此险种组合保险费较高，而且某些险种出险的概率非常小。

（4）适用对象：机关、事业单位、大公司，特别适合新司机及高档新车。

 实训项目

实训　推介机动车保险组合方案

任务描述：

在上门拜访张先生过程中，你作为PICC的车险销售人员，已经为张先生介绍了保险产品，张先生想购买保障比较完全的保险，但不知道该怎么买。接下来，你如何向他推介保险组合方案呢？

实训目的：

能够为客户推介汽车保险组合方案。

实训要求：

1. 根据每天的实训内容进行实训总结，即实训报告；
2. 话术规范，介绍内容全面；
3. 严守实训的纪律，吃苦耐劳。

实训实施方案：

1. 呈现汽车保险组合销售相关案例，带领学生进入实际案例情境；学生以PICC车险销售人员的身份进入情境；
2. 推介基本保障型保险组合方案；
3. 推介经济实惠型保险组合方案；
4. 推介高级保障型保险组合方案；
5. 与参考话术进行对比，规范各环节操作；
6. 情境演练：对张先生进行保险组合方案推介后，在回公司的路上，你在思考，对于那些对保险只有最基本需求和精打细算的客户，你又该如何推介保险组合方案呢？

练习思考题

1. 简述机动车交强险的定义。其具有哪些特征？
2. 交强险责任限额是多少？
3. 商业险包括哪些？
4. 简述第三者责任险的保险责任。
5. 交强险与第三者责任险有哪些区别？
6. 请列出家庭自用汽车车损险的保险责任。
7. 请列出营业用车车损险的保险责任。
8. 简述车损险的责任免除。

模块二
汽车保险承保实务

学习目标

通过本模块的学习,要求学生掌握以下相关知识,并具备以下相关能力:

1. 知识目标

(1) 掌握交强险保险费的计算;
(2) 掌握商业险各险种保险费的计算;
(3) 了解投保过程要领;
(4) 掌握对被保险机动车进行查验的要点;
(5) 掌握投保单填写的要点;
(6) 掌握核保的要素;
(7) 了解保险单的签订流程。

2. 能力目标

(1) 能够按照通行费率对常见险种进行保险费的计算;
(2) 能够按照保险运行原则对投保过程中保险人和投保人的责权进行划分;
(3) 能够对被保险机动车进行查验;
(4) 能够签订保险单。

单元一　受理顾客投保

　单元要点

1. 交强险保险费的计算；
2. 商业险各险种保险费的计算。

　相关知识

2.1.1　交强险保险费的计算

一、基础保险费的计算

1. 一年期基础保险费的计算。

投保一年期交强险的，根据《机动车交通事故责任强制保险基础费率表》中对应的金额确定基础保险费，见表 2-1。

表 2-1　机动车交通事故责任强制保险基础费率

车辆大类	序号	车辆明细分类	保险费/元
家庭自用车	1	家庭自用汽车 6 座以下	950
	2	家庭自用汽车 6 座及以上	1 100
非营业客车	3	企业非营业汽车 6 座以下	1 000
	4	企业非营业汽车 6~10 座	1 130
	5	企业非营业汽车 10~20 座	1 220
	6	企业非营业汽车 20 座以上	1 270
	7	机关非营业汽车 6 座以下	950
	8	机关非营业汽车 6~10 座	1 070
	9	机关非营业汽车 10~20 座	1 140
	10	机关非营业汽车 20 座以上	1 320

续表

车辆大类	序号	车辆明细分类	保险费/元
营业客车	11	营业出租租赁6座以下	1 800
	12	营业出租租赁6~10座	2 360
	13	营业出租租赁10~20座	2 400
	14	营业出租租赁20~36座	2 560
	15	营业出租租赁36座以上	3 530
	16	营业城市公交6~10座	2 250
	17	营业城市公交10~20座	2 520
	18	营业城市公交20~36座	3 020
	19	营业城市公交36座以上	3 140
	20	营业公路客运6~10座	2 350
	21	营业公路客运10~20座	2 620
	22	营业公路客运20~36座	3 420
	23	营业公路客运36座以上	4 690
非营业货车	24	非营业货车2吨以下	1 200
	25	非营业货车2~5吨	1 470
	26	非营业货车5~10吨	1 650
	27	非营业货车10吨以上	2 220
营业货车	28	营业货车2吨以下	1 850
	29	营业货车2~5吨	3 070
	30	营业货车5~10吨	3 450
	31	营业货车10吨以上	4 480
特种车	32	特种车一	3 710
	33	特种车二	2 430
	34	特种车三	1 080
	35	特种车四	3 980
摩托车	36	摩托车50CC及以下	10
	37	摩托车50~250CC（含）	120
	38	摩托车250CC以上及侧三轮	400
拖拉机	39	兼用型拖拉机14.7 kW及以下	按保监产品〔2007〕53号实行地区差别费率
	40	兼用型拖拉机14.7 kW以上	
	41	运输型拖拉机14.7 kW及以下	
	42	运输型拖拉机14.7 kW以上	

注：①座位和吨位的分类都是按照"含起点不含终点"的原则来解释。

②特种车一：油罐车、汽罐车、液罐车；特种车二：专用净水车、特种车以外的罐式货车，以及用于清障、清扫、清洁、起重、装卸、升降、搅拌、挖掘、推土、冷藏、保温等的各种专用机动车；特种车三：装有固定专用仪器设备从事专业工作的监测、消防、运钞、医疗、电视转播等的各种专用机动车；特种车四：集装箱拖头。

③挂车根据实际的使用性质并按照对应吨位货车的30%计算。

④低速载货汽车参照运输型拖拉机14.7 kW以上的费率执行。

2. 短期基础保险费的计算。

保险期限不足一年的交强险，按短期费率系数计收保险费，不足一个月的按一个月计算。具体为：先按《机动车交通事故责任强制保险基础费率表》中对应的金额确定基础保险费，再根据保险期限选择相对应的短期月费率系数，两者相乘即为短期基础保险费。短期月费率系数见表2-2。

表2-2 短期月费率系数

保险期限/月	1	2	3	4	5	6	7	8	9	10	11	12
月费率系数	10%	20%	30%	40%	50%	60%	70%	80%	85%	90%	95%	100%

短期基础保险费 = 年基础保险费 × 短期月费率系数

二、交强险费率浮动比率

交强险费率浮动标准根据被保险机动车所发生的道路交通事故计算，摩托车和拖拉机暂不浮动。费率浮动比率见表2-3。

表2-3 交强险费率浮动比率

浮动因素			浮动比率
与道路交通事故相联系的浮动A	A1	上一年度未发生有责任的道路交通事故	-10%
	A2	上两个年度未发生有责任的道路交通事故	-20%
	A3	上三个及以上年度未发生有责任的道路交通事故	-30%
	A4	上一年度发生一次有责任不涉及死亡的道路交通事故	0%
	A5	上一年度发生两次及以上有责任的道路交通事故	10%
	A6	上一年度发生有责任的道路交通死亡事故	30%

注：与交通事故相联系的浮动比率A为A1~A6其中之一，不累加。同时满足多个浮动因素的，按照向上浮动或向下浮动比率的高者计算。仅发生无责任交通事故的，交强险费率仍可享受向下浮动。浮动因素计算区间为上期保单出单日至本期保单出单日之间。与道路交通事故相联系浮动时，应根据上一年度交强险已赔付的赔案浮动。上一年度发生赔案但还未赔付的，本期交强险费率不浮动，直至赔付后的下一年度交强险费率向上浮动。

三、交强险保险费的计算

交强险保险费 = 交强险基础保险费 × (1 + 与道路交通事故相联系的浮动比率)

2.1.2 商业险保险费的计算

一、商业险主险保险费的计算

（一）车损险

按照被保险人类别、车辆用途、车辆种类、车辆使用年限等分类因素选择车损险基本费率表中对应的档次,确定基础保险费和费率,见表 2-4。

其计算公式为:

$$车损险保险费 = 基础保险费 + 保险金额 \times 费率$$

表 2-4 A 条款部分基本费率

家庭自用汽车与非营业用车		机动车损失保险			
		1 年以下		1~2 年	
		基础保险费/元	费率	基础保险费/元	费率
家庭自用汽车	6 座以下	539	1.28%	513	1.22%
	6~10 座	646	1.28%	616	1.22%
企业非营业客车	6 座以下	305	1.01%	290	0.96%
	6~10 座	365	0.96%	348	0.91%
	10~20 座	365	1.03%	348	0.98%
	20 座以上	381	1.03%	363	0.98%

例 2-1:李女士的卡罗拉轿车为 5 座家庭自用汽车,车龄为 1 年以下,保险金额为 10 万元。试计算该车的车损险保险费。

解:在费率表上查得该车对应的基础保费为 539 元,费率为 1.28%。

$$保险费 = 539 + 100\ 000 \times 1.28\% = 1\ 819(元)$$

例 2-2:假定某 7 座企业非营业客车投保车损险,车龄为 1 年,保险金额为 18 万元,在费率表上查得对应的基础保费为 348 元,费率为 0.91%。试计算该车的车损险保险费。如果保险金额变为 25 万元,则该车的车损险保险费又为多少?

解:保险费 = 348 + 180 000 × 0.91% = 1 986(元)

如果该车的保险金额变为 25 万元,则

$$保险费 = 348 + 250\ 000 \times 0.91\% = 2\ 623(元)$$

(二)第三者责任险

按照被保险人类别、车辆用途、座位数/吨位数/排量/功率、责任限额直接查找保险费,见表 2-5。

表 2-5 机动车第三者责任险保险费   元

车辆种类	责任限额	5 万元	10 万元	15 万元	20 万元	30 万元	50 万元	100 万元
家庭自用汽车	6 座以下	785	1 099	1 240	1 334	1 491	1 688	1 923
	6~10 座	672	941	1 061	1 142	1 276	1 444	1 646
企业非营业客车	6 座以下	773	1 082	1 221	1 314	1 468	1 661	1 893
	6~10 座	769	1 077	1 216	1 308	1 462	1 654	1 885
	10~20 座	901	1 261	1 423	1 531	1 711	1 936	2 207
	20 座以上	1 007	1 410	1 592	1 713	1 913	2 166	2 468

续表

车辆种类	责任限额	5万元	10万元	15万元	20万元	30万元	50万元	100万元
非营业货车	2吨以下	821	1 149	1 296	1 395	1 559	1 764	2 010
	2~5吨	1 166	1 633	1 843	1 983	2 216	2 507	2 857
	5~10吨	1 326	1 857	2 095	2 255	2 520	2 851	3 249
	10吨以上	1 680	2 352	2 654	2 856	3 192	3 612	4 115
	低速载货汽车	697	976	1 102	1 186	1 325	1 500	1 709

例 2-3：李女士为自己的卡罗拉轿车投保第三者责任险，核定载客座位数为5，责任限额 20 万元，试计算保险费。

解：在费率表中，根据所给条件首先选择"家庭自用汽车"中"6 座以下"这一行与"20 万元"责任限额这一列相交的单元格，查询保险费为 1 334 元，因此，该车的第三者责任险保险费为 1 334 元。

（三）车上人员责任险

按照被保险人类别、车辆用途、座位数查找费率，见表 2-6。

其计算公式为：

$$驾驶人保险费 = 每次事故责任限额 \times 费率$$

$$乘客保险费 = 每次事故每人责任限额 \times 费率 \times 投保乘客座位数$$

$$车上人员责任险保险费 = 驾驶人保险费 + 乘客保险费$$

表 2-6　某保险公司家庭自用汽车车上人员责任险费率

使用性质	座位数	驾驶人费率/%	乘客费率/%
家庭自用汽车	6 座以下	0.42	0.27
	6~10 座	0.40	0.26
	10 座及以上	0.40	0.26

例 2-4：李女士的卡罗拉轿车为 5 座家庭自用汽车，投保车上人员责任险，约定驾驶人每次事故责任限额为 5 万元，每位乘客每次事故责任限额为 5 万元，试计算保险费。

解：驾驶人保险费 = 50 000 × 0.42% = 210（元）

乘客保险费 = 50 000 × 0.27% × 4 = 540（元）

车上人员责任险保险费 = 210 + 540 = 750（元）

二、附加险保险费的计算

（一）全车盗抢险

按照被保险人类别、车辆用途、座位数查找基础保险费和费率，见表 2-7。

其计算公式为：

$$全车盗抢险保险费 = 基础保险费 + 保险金额 \times 费率$$

注：挂车保险费按同吨位货车对应档次保险费的 50% 计收。

表 2-7　某保险公司家庭自用汽车全车盗抢险基础保险费与费率

座位/吨位	基础保险费/元	费率/%
6 座以下	120	0.49
6~10 座	140	0.44
10 座及以上	140	0.44

例 2-5：李女士的卡罗拉轿车为 5 座家庭自用汽车，投保全车盗抢险，投保金额为 15 万元，核定载客座位数为 5，试计算保险费。

解：保险费 = 120 + 150 000 × 0.49% = 855（元）

（二）玻璃单独破碎险

按照被保险人类别、座位数、投保国产/进口玻璃查找费率，见表 2-8。

其计算公式为：

$$保险费 = 新车购置价 \times 费率$$

注：对于特种车，防弹玻璃等特殊材质玻璃的标准保险费上浮 10%。

表 2-8　某保险公司玻璃单独破碎险保险费率

座位数	国产玻璃费率/%	进口玻璃费率/%
6 座以下	0.19	0.31
6~10 座	0.19	0.30

例 2-6：李女士的卡罗拉轿车为 5 座家庭自用汽车，投保玻璃单独破碎险，新车购置价为 15 万元，约定按国产玻璃投保，试计算保险费。

解：保险费 = 150 000 × 0.19% = 285（元）

（三）车身划痕险

按照车龄、新车购置价、保险金额所属档次直接查找保险费，见表 2-9。

表 2-9　某保险公司车身划痕险费率

新车购置价	保险金额/元	车龄	
		车龄<2 年	车龄≥2 年
<30 万元	2 000	400	610
	5 000	570	850
	10 000	760	1 300
	20 000	1 140	1 900
30 万~50 万元	2 000	585	900
	5 000	900	1 350
	10 000	1 170	1 800
	20 000	1 780	2 600

续表

新车购置价	保险金额/元	车龄	
		车龄＜2年	车龄≥2年
≥50万元	2 000	850	1 100
	5 000	1 100	1 500
	10 000	1 500	2 000
	20 000	2 250	3 000

例 2 – 7：李女士的卡罗拉轿车为 5 座家庭自用汽车，投保车身划痕险，车龄为 1 年，核定载客座位数为 5，新车购置价为 15 万元，保险金额为 5 000 元，试计算保险费。

解：查表 2 – 9，得到对应的保险费为 570 元。

（四）不计免赔率特约条款

按照适用的险种查找费率。

其计算公式为：

$$保险费 = 适用本条款的险种标准保险费 \times 费率$$

例 2 – 8：李女士的卡罗拉轿车为 5 座家庭自用汽车，车损险保险费为 1 819 元，第三者责任险保险费为 1 334 元，车上人员责任险保险费为 750 元，全车盗抢险保险费为 855 元，车身划痕险保险费为 570 元，现投保不计免赔特约条款，试计算其不计免赔保险费，并计算该车总保险费。

解：不计免赔特约条款保险费 = 1 819 × 15% + 1 334 × 15% + 750 × 15% + 855 × 20% + 570 × 15% = 841.95（元）

总保险费 = 1 819 + 1 334 + 750 + 855 + 570 + 841.95 = 6 169.95（元）

 实训项目

实训　保险费的计算

任务描述：

王先生购买了一辆飞度2016 款 1.5 L LX 手动舒适型汽车，购车费用为 7.08 万元，现需要购买车险。你作为 PICC 的车险销售人员，应如何制定车险方案？

实训目的：

能够完成车险方案的制定工作。

实训要求：

1. 根据每天的实训内容进行实训总结，即实训报告；
2. 保险费计算正确；
3. 严守实训的纪律，吃苦耐劳。

实训实施方案：

1. 展现承保现场，带领学生进入承保情境，学生以 PICC 车险销售人员的身份进入情境；

2. 交强险保险费的计算；

3. 商业险保险费的计算；

4. 与真实情境下车险销售人员的实际操作过程进行对比，规范各环节操作；

5. 情境演练：刘小姐是一家汽车4S店的销售顾问，2012年购买了一辆大众速腾，欲购车上人员责任险，在协商中约定驾驶员每次事故责任限额为1.5万元，5名乘客，每位乘客每次事故责任限额为2万元，试计算保险费。

单元二　汽车投保与承保

 单元要点

1. 投保过程要领；
2. 保险人和投保人的责权划分；
3. 对被保险机动车进行查验的要点；
4. 填写投保单的要点；
5. 核保的要素。

 相关知识

汽车保险的业务流程大体上可分为投保、承保、事故查勘、理赔等几个环节。其中投保与承保是保险双方签订保险合同的过程，是保险业务得以进行的基础。

汽车投保实质上是投保人向保险人表达缔结保险合同的意愿。汽车承保指保险人在投保人提出投保请求时，经审核其投保内容认为符合承保条件，同意接受其投保申请，并按照有关保险条款承担保险责任的过程。

2.2.1　汽车投保

一、投保的方式

目前，在我国，汽车投保的方式主要有以下几种：

1. 业务员上门服务。

这是目前最为普遍的投保方式之一。由业务员对条款进行解释和提供咨询服务，帮助投保人进行险种的设计，指导投保人填写投保单，并且可以提供代送保险单、发票等其他服务。

2. 柜台投保。

投保人亲自到所选择的保险公司办公地点，办理一系列投保手续。投保人能更全面地了解所选择的保险公司及投保险种，也免除了一些传统型投保人对业务员及保险公司的不信任感。

3. 电话投保。

电话投保将是我国汽车保险发展的方向之一。现在已开通的有人保财险公司的 95518、太平洋财险公司的 95500、平安保险公司的 95511 等，但是我国电话投保系统还有待进一步开发。

4. 网上投保。

网上投保是全世界汽车保险界普遍关注的形式，代表着行业发展的前沿。我国的人保财险公司等已开始使用网上投保车险的投保形式。

5. 保险中介机构投保。

保险中介机构作为我国保险市场的组成部分之一，带动了我国保险市场的健康发展，正呈现蓬勃发展的势头。强大的保险中介机构给投保人带来更多的方便，为投保人提供更优质的保险服务。

6. 新增渠道投保。

为了方便投保人投保，人保财险在原有投保渠道的基础上，新增了银行、邮政网点两大渠道。工商银行秉承"客户至上"的理念，充分利用其强大的网上银行功能，与保险公司合作推出"在线投保交强险"业务，为投保人提供最便捷的投保途径。

二、投保的步骤

（1）选择保险公司。先了解经营机动车保险业务的各家保险公司的服务情况，并考察就近是否有正式的保险公司营业机构，从而确定一家既信得过又方便的保险公司。

（2）仔细阅读机动车保险条款，尤其对于条款中的责任免除条款和义务条款要认真研究。同时，对于不理解的条款要记下来，以便投保时向保险业务人员咨询。

（3）选择保险险种。根据对条款的初步了解和自身情况，选择适合自己的保险险种。

三、投保的注意事项

（一）家庭自用汽车

1. 险种选择。

对家庭自用的新车来说，新手上路出险率相对较高，容易刮擦，且新车丢失的概率大，因此在投保交强险的基础上，最好首选投保车损险、第三者责任险、车身划痕险、全车盗抢险和不计免赔特约条款。如果没有固定的停车地点，最好投保全车盗抢险。

2. 责任限额选择。

如果喜欢开快车、夜车，或出车率较高，建议第三者责任险的责任限额最好选择 50 万元，作为交强险的补充。

3. 保险公司选择。

如果经常跑长途，或经常到车辆所在地以外的地区，建议选择服务周到、信誉优良的保险公司投保，因为这样的公司营业网点多，且在全国范围内推行"异地出险，就地理赔"服务网络，对客户来说，投保、索赔都很方便。

（二）非营业用汽车

1. 险种选择。

非营业汽车除投保交强险之外，首选的险种是车损险、第三者责任险、全车盗抢险、车上人员责任险和不计免赔特约条款，以保证基本风险的转嫁。

2. 责任限额选择。

第三者责任险的责任限额最好选择50万元，以获得更多的保障。

3. 保险公司选择。

对于非营业用的汽车，购买车险不能只看重价格，保障与服务才是更重要的。比如有的保险公司报价低，但是它的保障可能也降低，理赔等服务也会相对较慢，某些险种条款甚至存在漏洞，真正出了险，很有可能遭到拒赔。

除保险费价格、险种条款外，保险公司推出的个性化服务也是选择保险公司的一个依据。

（三）营业用汽车

1. 险种选择。

作为营业用汽车，使用频率较高，且会经常跑长途，出险率比家庭自用汽车要高得多。因此，在投保交强险的基础上，建议首选险种为车损险，第三者责任险，火灾、爆炸、自燃损失险，车上人员责任险，车上货物责任险，车辆停驶损失险，不计免赔特约条款。这样，如果车辆发生保险事故，就可转嫁由此导致的损失。

2. 责任限额选择。

一般情况下，36座以下的客车或10吨以下的货车，其第三者责任险的责任限额最好选择20万元或50万元；而36座以上的客车或10吨以上的货车，其第三者责任险的责任限额最好选择50万元或100万元。

3. 保险公司选择。

各保险公司都对营业用汽车保险的保险费做了调整，适度提高了保险费。建议选择服务网点较多的保险公司投保，这样就能满足跑长途的客车或货车的特殊要求。

（四）特种车辆

1. 险种选择。

特种车行驶区域比较固定，且一般用于工程施工，出险率相对较低，使用频率不是太高，但车内装有特殊仪器，且价值都较高，一旦发生事故，损失巨大。因此，建议投保车损险、第三者责任险、附加特种车辆固定设备、仪器损坏扩展条款和起重、装卸、挖掘车辆损失扩展条款，不计免赔特约条款。

2. 责任限额选择。

特种车选择50万元或50万元以上的责任限额比较合适。

3. 保险公司选择。

对于特种车来说，最大的风险就是操作过程中造成的损失和车内仪器的损失，此时就要注意投保的保险公司是否有特种车辆保险条款和扩展条款，是否能涵盖特种车所能发生的各种风险。

（五）新车

新车最好投保第三者责任险和车损险这两个险种。

由于车险的费率是固定的，因而保险费交多少取决于汽车自身保险金额的高低。对于家庭自用车来说，目前第三者责任险的保险金额一般分三个档次：5万元、10万元、20万元。最好投保10万元的，条件允许可以投保20万元的。

车损险分足额保险和不足额保险。在不足额投保情况下出险时，保险公司是按实际投保金额与车自身价值比例赔偿的，所以尽量选择足额保险。

（六）二手车

二手车要注意办理车险过户。如果车是在旧车交易市场上购买的，此车上一年已购买了汽车保险，且保险随车转让给新车主，请注意要求卖车一方将保险单正本、保险证转交，同时要求旧车主到保险公司变更被保险人（简称过户）。

（七）旧车

因为旧车实际价值很低，投保金额太多显然不合算，所以可以选择主险的车损险，这主要是为了能投保其项下的附加险——自燃损失险。因为保险公司是根据被保险机动车的实际价值确定赔偿金额的，所以全车盗抢险的保险金额对新车和旧车是不同的。

四、责权划分

（一）投保人或被保险人的义务

根据我国《保险法》的规定，投保人是指与保险人订立保险合同，并按照保险合同负有支付保险费义务的人。

被保险人可以与投保人为同一人。

根据我国《保险法》的规定，投保人主要有以下几种义务：

（1）投保人应如实填写投保单并回答保险人提出的询问，履行如实告知的义务。在保险期限内，被保险机动车改装、加装或非营业用车辆从事营业运输等，导致被保险机动车危险程度增加的，应当及时书面通知保险人。否则，因被保险机动车危险程度增加而发生的保险事故，保险人不承担赔偿责任。

在保险合同有效期内，被保险机动车改变使用性质或改变车型，被保险人应事先通知保险人，并申请批改车辆使用性质或车型。被保险人将以非营业性质投保的车辆出租的，视为该车辆已变更用途。

订立合同时由于未曾预见或未予估计可能增加的危险程度，直接影响到保险人在承保当时决定是否加收保险费和接受承保。在保险合同有效期内，被保险机动车危险程度增加，被保险人应事先通知保险人，并申请办理改批，按规定补交保险费。

（2）除另有约定外，投保人应当在保险合同成立时一次交付保险费。保险费交付前发生的保险事故，保险人不承担赔偿责任。

（3）发生保险事故时，被保险人应当及时采取合理的、必要的施救措施，防止或者减少损失，并在保险事故发生后48小时内通知保险人。否则，造成损失无法确定或扩大的部分，保险人不承担赔偿责任。

（4）发生保险事故后，被保险人应当积极协助保险人进行现场查勘。被保险人在索赔时应当提供有关证明和资料。引起与保险赔偿有关的仲裁或者诉讼时，被保险人应当及时书面通知保险人。

被保险人必须遵守诚实信用的原则，在向保险人索赔时提供的情况和各种证明、资料必须真实可靠，对被保险人提供涂改、伪造的单证或制造假案等图谋骗取赔款的，保险人应拒绝赔偿或追回已支付的保险赔款。

（5）对因自己违法行为而取得的赔偿或给付予以退赔的义务。

（二）保险人的义务

根据我国《保险法》规定，承保人又称保险人，保险合同当事人的一方，与投保人订立保险合同并承担赔偿或者给付保险金的责任，以法人经营为主，通常称为保险公司。保险人是法人，公民个人不能作为保险人。

保险人有以下义务：

（1）不得强制他人订立保险合同。

（2）及时签发保险合同。

（3）非法定事由不得解除保险合同。

（4）说明合同条款。保险人在承保时，应向投保人说明投保险种的保险责任、责任免除、保险期限、保险费及支付办法、投保人和被保险人义务等内容。

（5）通知。在被保险人提供了各种必要单证后，保险人应当迅速审查核定，并将核定结果及时通知被保险人。

（6）保险人应及时受理被保险人的事故报案，并尽快进行查勘。

保险人接到报案后48小时内未进行查勘且未给予受理意见，造成财产损失无法确定的，以被保险人提供的财产损毁照片、损失清单、事故证明和修理发票作为赔付理算依据。

（7）赔偿或给付保险金。对属于保险责任的，保险人应在与被保险人达成赔偿协议后10日内支付赔款。

保险人赔偿期限的规定：被保险人根据有关规定，向保险人提供的各种必要单证齐全后，保险人应当迅速审查，核实赔款，履行理赔审批手续。审批后的赔款金额经被保险人认定后，保险人应在10天内一次赔偿结案。

(8) 保险人或者再保险接受人对在办理保险业务中知道的投保人、被保险人或再保险分出人的业务和财产情况及个人隐私，负有保密的义务。

五、投保的基本要求

（一）对营业用汽车的要求

(1) 不得单独投保第三者责任险（由于营业用汽车风险因素较高，保险公司一般不接受营业用汽车单独投保第三者责任险等险种）；

(2) 不得承保不计免赔特约条款；

(3) 不承保外地牌照车；

(4) 第三者责任险最高赔偿限额：客车50万元，出租车20万元，货车20万元。

（二）对非营业用汽车的要求

非营业用汽车中不承保土方车及环卫清运车。

（三）对各类新车要求

(1) 须提供发动机号及车架号才能承保，只提供一个要素时，不得承保全车盗抢险。

(2) 承保全车盗抢险时，须在保单"特别约定"栏中加注："全车盗抢险保险责任从本车取得正式牌照号码后生效。"

(3) 取得正式牌照号码后，必须在48小时内以批单形式通知保险公司。

（四）有关验车承保的规定

(1) 凡新车购置价（含购置费）超过40万元的进口车辆，在承保前应由投保人填写《机动车辆保险申报单》。

(2) 对投保第三者责任险最高赔偿限额大于等于100万元的车辆，在承保前须填写《承保验车单》并拍照存档。

(3) 续保日期与前一保险期限衔接，或中途投保车损险或全车盗抢险的车辆，均须验车。检验时除了对被验车辆拍照，还须填写《机动车辆保险申报单》，并附在投保单后面。

(4) 验车人必须在"车辆检验情况"一栏中注明对车辆状况的评价，并对车辆存在的问题做文字说明。

六、投保单的填写

投保人购买保险，首先要提出投保申请，即填写投保单，交给保险人。投保单是投保人向保险人申请订立保险合同的依据，也是保险人签发保险单的依据。投保单本身并非正式合同的文本，但一经保险人接受后，即成为保险合同的一部分。表2-10所示为某保险公司的投保单。

表 2–10　某保险公司的投保单

投保情况	投保情况	□新保　□续保		上年投保公司			
	上年保单号			到期时间			
被保险人	被保险人			身份证号码			
	通信地址			邮政编码			
	联系人			联系电话		E – mail	
投保车辆情况	车牌号码		境外号牌		号牌底色		
	厂牌型号		车辆种类		车架号		
	发动机号		排气量/L		车辆颜色		
	VIN 码		座位/吨位		初登日期		
	使用性质	□营业□非营业		防盗装置	□电子防盗装置□机械防盗装置□无		
	所属性质	□机关□企业□个人		固定车位	□有□无	驾驶人数	□单人□多人
	行驶区域	□省内□国内□出入港澳		安全装置	安全气囊　ABS 系统　无安全装置		
主驾驶人资料	姓名：　　性别：□男□女　婚姻状况：□已婚□未婚　初领驾证时间　　年　月　日						
	身份证号码：　　　　　　　　　　　　　　　　出生时间：						
	近三年肇事记录：□无□一次□三次以上　　违章记录：□无□一次□二次□三次及以上						
副驾驶人资料	姓名：　　性别：□男□女　婚姻状况：□已婚□未婚　初领驾证时间　　年　月　日						
	身份证号码：　　　　　　　　　　　　　　　　出生时间：						
	近三年肇事记录：□无□一次□三次以上　　违章记录：□无□一次□二次□三次及以上						

基本险	车辆损失险				第三者责任险		
	新车购置价	保险金额	费率	保险费小计	赔偿限额	保险费小计	
	驾驶员座位责任险				乘客座位责任险		
	赔偿限额		保险费小计		赔偿限额		保险费

附加险	险别	保险金额（赔偿限额）	费率	保险费小计
	全车盗抢险			
	前后风挡玻璃单独爆裂险			
	无过错损失补偿险			
	不计免赔率特约条款			
	自燃损失险			
	新增设备损失险			
	承运货物责任险			
	免税车辆关税责任险			
	代步车费用险			
	全车盗抢附加高尔夫球具盗抢险			
	他人恶意行为损失险			
	交通事故精神损害赔偿险			

保险期限：共　　个月　自　　年　月　日零时起至　　年　月　日二十四时止

特别约定：

投保单是投保人向保险公司申请投保的申请书,是保险公司核保的依据,应在保险公司业务人员的指导下认真填写。填写投保书时须注意下列事项:

(1) 用钢笔或签字笔填写。
(2) 由投保人或被保险人亲自填写,且签字认可。
(3) 应如实填写各项内容,如有不实填写,而被保险公司承保,保险公司亦可依不实告知解除保险合同。
(4) 应详细填写各项内容,不准空项,包括通信地址、邮编及各种通信方式,以便保险公司随时与客户联系。

特别提示

- 投保单中各项信息必须填写完整。
- 准确填写要求投保的产品名称、保险金额及相关信息。
- 投保人及被保险人应如实回答投保单上所提的问题,对投保单上要求提供详细情况的问题,应在投保单备注栏中说明详情或提供相关的书面材料。
- 投保人在填写完毕后,应对投保单的内容进行复核,确认内容真实完整,并应亲笔签名确认。必要时,被保险人也需要亲笔签名确认,如以身故为保险金给付条件的合同。

七、交纳保险费

投保单经保险公司审核通过后,保险公司就会向投保人收取保险费。

八、领取保险单

投保人交纳保险费后,就可以领取保险单和保险费收据。保险单上注明了投保单上的有关信息,包括保险公司名称、地址、联系方式等,并加盖保险公司业务专用章。投保人拿到保险单后,要仔细核对信息有无打印错误,一旦发现与真实信息不符应立即提出,由保险公司进行更正。

2.2.2 汽车承保

一、承保流程

承保实质上是保险双方当事人达成协议、订立保险合同的过程。一般包括以下步骤:
(1) 业务人员向投保人介绍保险条款,履行明确说明义务。
(2) 业务人员依据保险标的性质、投保人特点制定保险方案。
(3) 业务人员计算保险费,提醒投保人履行如实告知义务。
(4) 业务人员提供投保单,投保人填写投保单。

（5）业务人员检验保险标的，确保其真实性。

（6）将投保信息录入业务系统（系统产生投保单号），复核后利用网络提交核保人员核保。

（7）核保人员根据公司核保规定，并通过网络将核保意见反馈给承保公司。核保通过时，业务人员收取保费、出具保险单，需要送单的由送单人员递送保险单及相关单证。

（8）承保完成后，进行数据处理和客户回访。

二、保险展业

保险展业是保险公司向客户提供保险商品服务险业务，扩大承保面，提高本公司在市场上的竞争力量。保险展业工作主要包括以下内容：

1. 做好准备工作。

业务人员进行展业活动前，进行市场营销的过程，旨在争取汽车保险。保险展业直接影响保险人的业务经营，必须做好各项准备。业务人员要熟知保险相关知识，了解客户车辆情况、当地机动车辆交通事故情况、处理规定等，还要掌握以往投保情况，如承保公司、投保险种、投保金额、保险期限和赔付率等。

2. 开展保险宣传。

保险宣传的方式多种多样，如广告宣传、召开座谈会、电台播放和报刊登载保险知识系列讲座、印发宣传材料等。

3. 制定保险方案。

由于不同的投保人所面临的风险概率、风险程度不同，因而对保险的需求也各不相同，这需要业务人员为投保人设计最佳的投保方案。提供完善的保险方案是保险公司服务水平的重要标志。

2.2.3 核保业务

保险人在承保时必须经过核保过程。所谓核保，是指保险人在承保前，对保险标的的各种风险情况加以审核与评估，从而决定是否承保、承保条件与承保费率的过程。

核保的本质是对可保风险的判断与选择，是承保条件与风险状况适应或匹配的过程。核保工作对标的的选择，即对承保条件的制定，直接影响到保险企业业务质量的高低和盈利的大小，是保险企业防范经营风险的第一关，也是最重要的一关。

核保工作原则上采取两级核保体制。先由业务人员进行初步核保，然后由保险公司专业核保人员复核，决定是否承保、承保条件及保险费率的适用等。核保的程序一般包括审核投保单、查验车辆、核定保险费率、计算保险费、复核等步骤。

一、审核投保单

核保人员首先要根据本公司的承保标准决定投保单是否可以受理，审查投保单所填写的各项内容是否完整、清楚、准确。核保所要审查投保单的项目包括：

1. 投保人资格。

对于投保人资格进行审核的核心是认定投保人对保险标的是否拥有保险利益，汽车保险业务中主要是通过核对行驶证来完成的。

2. 投保人或被保险人的基本情况。

对于车队业务，核保人员要通过了解企业的性质、是否设有安保部门、经营方式、运行主要线路等，分析投保人或被保险人对车辆管理的状况，及时发现其可能存在的经营风险，采取必要的措施降低和控制风险。

3. 投保人或被保险人的信誉。

投保人与被保险人的信誉是核保工作的重点之一。对于投保人和被保险人的信誉调查和评估逐步成为汽车核保工作的重要内容。

4. 保险标的。

对被保险机动车应尽可能采用"验车承保"的方式，即对被保险机动车进行实际的检验，包括了解车辆的使用和管理情况，复印行驶证、购置车辆的完税费凭证，拓印发动机与车架号码，对于一些高档车辆还应当建立车辆档案。

5. 保险金额。

保险金额的确定涉及保险公司及被保险人的利益，往往是双方争议的焦点，因此保险金额的确定是汽车核保中的一个重要内容。在具体的核保工作中，应当根据保险公司制定的汽车市场指导价格确定保险金额，避免出现超额保险和不定额保险。

6. 保险费审核。

核保人员对于保险费的审核主要分为费率适用的审核和计算的审核。

7. 附加条款。

主险和标准条款提供的是适应汽车风险共性的保障，但是作为风险的个体是有其特性的。一个完善的保险方案不仅解决共性的问题，更重要的是解决个性问题，附加条款适用于风险的个性问题。特殊性往往意味着高风险，所以，在对附加条款的适用问题上更应当注意对风险的特别评估和分析，谨慎接受和制定条件。

二、查验车辆

根据投保单、投保单附表和车辆行驶证，对被保险机动车进行实际的查验。查验的具体内容包括：

（1）确定车辆有无受损，是否有消防和防盗设备等。

（2）车辆本身的实际牌照号码、车型及发动机号、车身颜色等是否与行驶证一致。

（3）检查发动机、车身、底盘、电气等部分的技术情况。

根据检验结果，确定整车的新旧成数。对于私有车辆一般要填具验车单，附于保险单副本上。被保险机动车的情况对保险公司有重大影响，核保人员在审核车辆时要特别注意对以下几种"重点车辆"进行重点检查：首次投保车辆；未按期续保车辆；投保第三者责

任险后，又加保车损险的车辆；申请增加附加险的车辆；接近报废车辆；特种车辆；重大事故后修复的车辆等。

三、核定保险费率

根据投保单上所列的车辆情况、驾驶人员情况和保险公司的机动车辆保险费率标准，逐项确定被保险机动车的保险费率。确定保险费率之前首先要注意的是车辆风险因素。

新条款及费率的综合保险业务，对承保主险时国产车辆与进口车辆的划分已经失去实际意义，但在计算风挡玻璃单独破碎险时，还是要考虑到国产与进口车辆的划分标准。

补充说明：

（1）费率表中凡涉及分段陈述都按照"含起点不含终点"的原则解释。例如："6座以下"客车，是指不含6座的客车。

（2）短期收费：基本险和附加险的保险期限不足一年的按短期费率表计算，不足一个月的按一个月计算。

（3）机动车辆提车暂保单承保的机动车辆，购置价在10万元以内的，固定保险费为300元；购置价在10万元以上30万元以内的，固定保险费为400元；购置价在30万元以上的，固定保险费为500元。

四、计算保险费（详见模块二单元一）

五、复核

计算保险费后，应进行复核工作。复核工作的主要依据是核保手册，因为核保手册已经将汽车保险业务过程中可能涉及的所有文件、条款、费率、规定、程序、权限等全部包含其中，并将可能遇到的各种问题及其处理方法用书面文件的形式予以明确。

在复核投保单时，主要是对单证内容、保险价值、保险金额、费率标准、保费计算方法进行复核。如果核保人员对其中内容有异议，或遇到一些核保手册没有明确规定的问题，例如，高价值车辆的核保、特殊车型业务的核保、车队业务的核保、投保人特别要求的业务的核保，以及下级核保人员无法核保的业务，需交上级处理。

六、保险公司的分级核保方式

1. 三级核保内容。

三级核保又称第一线核保。业务人员的选择在整个风险选择中占最重要的地位，因为业务人员在业务拓展过程中，直接与投保人或被保险人接触，对其情况及投保标的最了解，因此业务人员扮演尤为重要的角色。我国的《保险法》第十六条规定：

"……投保人故意隐瞒事实，不履行如实告知义务的，或者因过失未履行如实告知义务，足以影响保险人决定是否同意承保或者提高保险费率的，保险人有权解除保险合同……"

从《保险法》的规定可以看出，业务人员在与客户接触时肩负着重要使命。

第一线核保有以下四个步骤：

面晤→询问→检查保险标的→出具报告

核保的主要内容包括投保单内容有无遗漏，投保人、被投保人、法定代理人、业务人员有无签章等。注意有无不实告知、是否签名等。

做好第一线的核保工作可以避免逆选择，提高工作效率，减少合同纠纷。大量的良质保单使业务人员的继续率提升，所以第一线的核保是业务人员应尽的责任。

最后，业务人员会根据各种情况将被保险人进行分类，按不同条件承保。

2. 二级核保内容。

（1）审核保险单是否按照规定内容与要求填写，有无疏漏；审核保险价值与保险金额是否合理、适用的费率标准和计收保险费是否正确。

（2）审核业务人员是否执行了一级核保的任务，对特别约定的事项是否在特约栏内注明。

（3）对于较高保险金额的车辆，审核投保单填写内容与事实是否一致，是否按照规定拓印牌照存档。

（4）对高发事故和风险集中的投保单位，提出公司的限制性承保条件。

（5）对费率表中没有列明的车辆，包括高档车和其他专用车辆，可视风险情况提出厘定费率的意见。

（6）审核其他相关情况。

审核完毕后，核保人应在投保单上签署意见。对超出本级核保权限的，应上报上级公司核保。对不符合要求的，退给业务人员指导投保人重新填写，进行相应的更正。

3. 一级核保内容。

（1）根据掌握的情况考虑能否承保。

（2）考虑已接受的投保单中涉及的险种、保险金额、赔偿限额是否需要限制和调整。

（3）考虑是否需要增加特别的约定。

（4）考虑已接受的投保单是否符合保险监管部门的有关规定。

一级核保完毕后，应签署明确的意见并立即返回请示公司。

核保工作结束后，核保人将投保单、投保意见一并转给业务内勤部门，然后由公司的内勤缮制保险单证。

实训一　顾客投保

任务描述：

王先生购买了一辆2016款1.5 L LX手动舒适型汽车，购车费用为7.08万元，现需要购买车险。你作为PICC的业务人员该如何引导王先生进行投保呢？

实训目的：

1. 能够引导不同顾客进行投保；
2. 锻炼学生在投保现场随机应对的能力。

实训要求：

1. 根据每天的实训内容进行实训总结，即实训报告；
2. 能针对不同客户采用不同话术，引导客户投保；
3. 严守实训的纪律，吃苦耐劳。

实训实施方案：

1. 展现投保现场，带领学生进入投保情境，学生以 PICC 车险业务人员的身份进入情境；
2. 按照教师引导，随机完成对不同客户投保的引导工作；

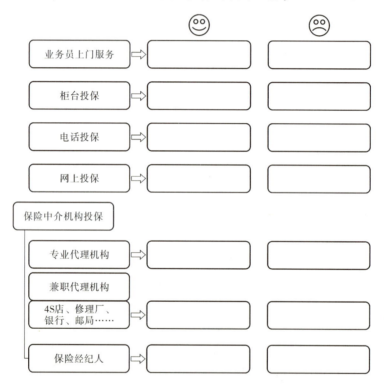

3. 应用正确话术引导客户投保；
4. 与真实情境下车险业务人员的实际操作过程进行对比，规范各环节操作；
5. 现场实操：李先生新购买了一辆 2017 款本田 UR – V，现需要购买车险。你和你的同事将引导李先生进行投保。请各小组组织话术并分享。

实训二 核保实务

任务描述：

张先生欲为爱车投保，通过前期与业务人员的沟通，已确定了投保的险种和费用。你作为 PICC 的核保员，应如何审核张先生投保的风险呢？

实训目的：
完成在汽车承保现场的核保工作。

实训要求：
1. 根据每天的实训内容进行实训总结，即实训报告；
2. 保单审核仔细全面；
3. 严守实训的纪律，吃苦耐劳。

实训实施方案：
1. 展现核保现场，带领学生进入核保情境，学生以 PICC 车险核保人员的身份进入情境；
2. 汽车承保现场的核保流程；
3. 汽车核保的注意事项；
4. 与真实情境下核保人员的实际操作过程进行对比，规范各环节操作；
5. 现场实操：李女士欲为爱车投保，通过前期与业务人员沟通，已确定了投保的险种和费用。你作为 PICC 的核保人员，应如何审核李女士投保的风险呢？

单元三　签订保险单

单元要点

1. 保险单的签订；
2. 保险单的续保；
3. 退保手续的办理。

2.3.1　缮制与签单

一、缮制单证

缮制单证就是在接受业务后，填制保险单或发放保险凭证以及办理批单手续。缮制单证是承保工作的重要环节，其质量的好坏，直接关系到保险合同当事人双方的义务和权利能否正常履行与实现。此项工作主要由保险公司内勤人员完成。

保险单原则上应由计算机出具，暂无计算机而只能用手工出具的营业单位，必须得到上级公司的书面同意。

（1）计算机制单的将投保单有关内容输入到保险单对应栏目内，在保险单"被保险人"和"厂牌型号"栏内录入统一规定的代码。录入完毕检查无误后，打印出保险单。

（2）手工填写的保险单由保监会统一监制，保险单上的印制流水号码即为保险单号码。将投保单的有关内容填写在保险单对应栏内，要求字迹清晰、单面整洁。如有涂改，涂改处必须有制单人签章，但涂改不能超过三处。制单完毕后，制单人应在"制单"处签章。

（3）缮制保险单时应注意以下事项：

①如有双方特别约定的内容，应完善地载明到保险单对应栏目内。保险公司核保后有新的意见，应根据核保意见进行修改或补充。

②关于挂车投保。无论是挂车单独投保，还是跟主车一起进行投保，挂车都必须出具具有独立保险单号码的保险单。在填制挂车的保险单时，"发动机号码"栏统一填写"无"。当主车和挂车一起投保时，可以按照多车承保方式处理给予一个合同号，以方便调阅。

③投保单有加贴的，该条款应加盖骑缝章。另外，为提醒被保险人注意阅读，一些应注意责任免除、被保险人义务和免赔等规定的印刷字体，应该与其他内容的字体不同。

保险单缮制完毕后，制单人应将保险单、投保单及其附表一起送复核人员复核。

二、复核签单

单证复核是业务承保工作的一道重要程序，也是确保承保质量的关键环节。复核时应注意审查各种单证是否齐全，内容是否完整符合要求，字迹是否清楚，计算是否正确，并与原始凭证相对照，力求无差错。一切复核无误后，要加盖公章及负责人、复核员签名，然后对外发送。

三、收取保险费

收费员经复核保险单无误以后向投保人核收保险费，并在保险单"会计"处和保险费收据的"收款人"处签章，在保险费收据上加盖财务专用章。

只有被保险人按照约定交纳了保险费，该保险单才能产生效力。

四、签发保险单证

汽车保险合同实行一车一单（保险单）和一车一证（保险证）制度。投保人交纳保险费后，业务人员必须在保险单上注明公司名称、详细地址、邮政编码及联系电话，加盖保险公司业务专用章。根据保险单填写汽车保险证并加盖业务专用章。"险种"一栏填写总险种代码，电话应填写公司报案电话，所填内容不得涂改。

签发单证时，交由被保险人收执保存的单证有：保险单证正本、保险费收据（保户留存联）、汽车保险证。

对已经同时投保车损险、第三者责任险、车上人员责任险、不计免赔特约条款的投保人，还应签发事故伤员抢救费用担保卡，并做好登记。

五、保险单证的补录

手工出具的汽车各种形式的保险单证，必须在出单后的第十个工作日内，按照所填内容录入到保险公司的计算机车险业务数据库中。单证补录必须由专人完成，由专人审核，业务内勤和经办人不能自行补录。补录工作是重要的工作流程，补录单证内容可以作为保险公司的业务资料，方便日后查阅。

六、保险单证的清分与归档

投保单及其附表、保险单及其附表、保险费收据、保险证，应由业务人员清分归档。

各类附表要贴在投保单的背面，需要加盖骑缝章。

清分时，应按照以下送达的部门清分：

(1) 财务部门留有的单证：保险费收据（会计留存联）、保险单副本。
(2) 业务部门留存的单证：保险单副本、投保单及其附表、保险费收据（业务留存联）。

留存业务部门的单证应由专人保管，并及时整理、装订、归档。

2.3.2 续保与批改

一、续保

汽车保险的期限一般为一年，保险期满后，投保人在同一保险人处重新办理汽车保险的事宜称为续保。保险期满后，根据投保人意愿可以重新办理续保。

在办理续保时，投保人应提供下列单据：

(1) 提供上一年度的机动车辆保险单。
(2) 被保险机动车经交通管理部门核发并检验合格的行驶证和车牌号。
(3) 所需的保险费。保险金额和保险费须重新确定。

在汽车续保实务中，续保业务一般在原保险到期前的一个月开始办理。上一年度未发生赔款且保险期限为一年的被保险机动车，续保时可以享受减收保险费优待。如果被保险机动车在上一年保险期限内无赔款，续保时的险种与上一年度完全相同，优待金额为本年度续保险种应交保险费的10%，如果续保的险种与上一年度不完全相同，无赔款优待则以险种相同的部分为计算基础。投保人投保机动车不止一辆的，无赔款优待分别按被保险机动车计算。

二、批改

批改是指在保险单签发以后，在保险合同有效期限内，如保险事项发生变更，经保险双方当事人同意办理变更合同内容的手续。在保险合同生效期间，如果保险标的的所有权改变或者投保人因某种原因要求更改或取消保险合同，都需要进行批改作业。

我国《机动车辆保险条款》规定："在保险合同有效期内，保险车辆转卖、转让、赠送他人、变更用途或增加危险程度，被保险人应当事先书面通知保险人并申请办理批改。"

同时，一般汽车保险单上也注明"本保险单所载事项如有变更，被保险人应立即向本公司办理批改手续，否则，如有任何意外事故发生，本公司不负赔偿责任"的字样，以提醒被保险人注意。

保险合同内容变更的批改手续，一般由被保险人提出申请，填写定式的"批改申请书"，经保险人同意后凭此出立"批单"（也称"背书"）。"批单"是保险单（合同）的组成部分，具有同等的法律效力。需要变更保险合同的情况主要有：

(1) 被保险机动车所有权的转移；
(2) 被保险机动车变更用途；

(3)被保险机动车增加危险程度。

2.3.3 退保

退保是指在保险合同没有完全履行时,经投保人申请,保险人同意,解除双方由合同确定的法律关系,保险人按照《保险法》及合同的约定退还保险单的现金价值。投保人于保险合同成立后,可以书面通知要求解除保险合同。保险公司在接到解除合同申请书之日起,接受退保申请,保险责任终止。

办理退保要注意申请退保的资格人为投保人,如果被保险人申请办理退保,须取得投保人书面同意,并由投保人明确表示退保金由谁领取。

退保人在办理退保时要提供以下文件:

(1)投保人的申请书,被保险人要求退保的,应当提供投保人书面同意的退保申请书。

(2)有效力的保险合同及最后一次缴费凭证。

(3)投保人的身份证明。

(4)委托他人办理的,应当提供投保人的委托书、委托人的身份证。

(5)在保险单有效期内,该车辆没有向保险公司报案或索赔过可退保,从保险公司得到过赔偿的车辆不能退保;仅向保险公司报案而未得到赔偿的车辆也不能退保。

实训一 续保与批改

任务描述:

赵先生欲将自己的二手本田汽车转卖给张女士,但前期赵先生已为爱车投保。你作为 PICC 的业务人员,应如何处理赵先生的保单呢?

实训目的:

完成在汽车承保现场的续保与保单批改工作。

实训要求:

1. 根据每天的实训内容进行实训总结,即实训报告;

2. 能正确办理续保手续;

3. 能正确批改保单;

4. 严守实训的纪律,吃苦耐劳。

实训实施方案:

1. 呈现保单续保与保单批改现场照片,带领学生进入情境,学生以 PICC 车险业务人员的身份进入情境;

2. 办理续保;

3. 办理保单批改;

4. 与真实情境下业务人员的实际操作过程进行对比，规范各环节操作；

5. 现场实操：张先生前期已为爱车投保，现要求附加险种、调整保险金额和赔偿额度。你作为 PICC 的业务人员，应如何处理张先生的保单呢？

实训二　退订保险单

任务描述：

李先生今年购买的平安车险，8 月才到期，他提前两个月续保了下一年的保险，也要到 8 月才生效，现在李先生想将今年的车险退订。你作为 PICC 的业务人员，应如何处理王先生的退保呢？

实训目的：

完成在汽车承保现场的退保工作。

实训要求：

1. 根据每天的实训内容进行实训总结，即实训报告；

2. 能按正确流程办理客户的退保工作；

3. 严守实训的纪律，吃苦耐劳。

实训实施方案：

1. 呈现保单退订现场照片，带领学生进入情境，学生以 PICC 车险业务人员的身份进入情境；

2. 熟知退保流程；

3. 熟知退保注意事项；

4. 与真实情境下业务人员的实际操作过程进行对比，规范各环节操作；

5. 现场实操：王女士去年购买了平安车险，8 月才到期，现在王女士想购买 5 月份的太平洋车险，并提前生效，同时想将今年的平安车险退订。你作为 PICC 的业务人员，应如何处理王女士的退保呢？

练习思考题

1. 投保单内容填写的基本要求是什么？

2. 汽车投保的注意事项有哪些？

3. 如何签发保险单？

4. 计算题。

某机关车队参加本地中国人民保险公司的机动车辆保险，该车队的车辆和投保情况如下：

（1）新 5 座国产小客车一辆，按照新车购置价投保 18 万元；

（2）新 5 座进口小客车一辆，按照新车购置价投保 18 万元；

（3）使用 4 年的 10 座国产客车一辆，未出现过理赔，按照新车购置价投保 30 万元；

（4）使用 4 年的 10 座进口客车一辆，未出现过理赔，按照新车购置价投保 40 万元；

（5）使用 6 年的 22 座国产客车一辆，连续两年未出现过理赔，按照新车购置价投保

30万元；

（6）使用6年的22座进口客车一辆，连续两年未出现过理赔，按照新车购置价投保60万元。

所有车辆均足额投保车损险；都选择第三者责任险20万元的赔偿限额；全车盗抢险按照实际价值确定，折旧年限以15年计算，年折旧率以6%计算；车上人员责任险以全部人员投保，每座赔偿限额1万元。考虑到用车实际情况，不指定驾驶人；车辆行驶区域在中国境内。

试分别计算车损险、第三者责任险、全车盗抢险、车上人员责任险、不计免赔特约条款的保费。该车队共应交纳多少保险费？

关于保险公司车辆保费报价说明：

公务用车的使用性质，按照保监会批准的《中国人民保险公司机动车辆费率》规定，给予以下优惠：

（1）5座客车（新车）：该种车型的赔付率低于30%，根据风险修正系数表中的车队费率浮动系数，可给予车队系数优惠60%。

（2）10座客车（已使用4年）：该种车型的赔付率低于30%，根据风险修正系数表中的车队费率浮动系数，可给予车队系数优惠60%。使用年限4年，驾驶记录良好，未出现过理赔，给予无赔款优惠70%。

（3）22座客车（已使用6年）：该种车型的赔付率低于20%，根据风险修正系数表中的车队费率浮动系数，可给予车队系数优惠50%。使用年限6年，驾驶记录良好，未出现过理赔，给予无赔款优惠80%。

（4）投保条件（所有车型统一条件）。

第三者责任险投保20万元。

全车盗抢险按照实际价值确定，折旧年限以15年计算，年折旧率按照6%计算。

车上人员责任险以车上人员全部投保，每座赔偿限额1万元，不指定驾驶人。

不计免赔特约条款规定只有车损险，第三者责任险可投保此特约条款。

模块三
汽车保险理赔实务

学习目标

通过本模块的学习，要求学生掌握以下相关知识，并具备以下相关能力：

1. 知识目标

(1) 掌握不同车险事故理赔的流程；
(2) 理解受理案件的操作流程及工作内容；
(3) 掌握现场查勘的流程及工作内容；
(4) 熟悉立案和定损的工作内容；
(5) 熟悉核损的工作内容；
(6) 熟悉赔款理算和核赔的工作内容。

2. 能力目标

(1) 会对简单车险事故损失进行赔款理算；
(2) 能够对事故车辆进行简单的查勘和定损；
(3) 能处理一些简单的车险事故理赔案件。

单元一　受理案件

单元要点

1. 受理案件的操作流程和接案内容；
2. 接案后给客户致电的要点及内容。

3.1.1　理赔的流程及原则

汽车保险的理赔是指被保险机动车在发生保险责任范围内的损失后，保险人根据保险合同对被保险人提出的索赔请求进行处理的行为。汽车保险理赔涉及保险合同双方的权利与义务的实现，是保险经营中的一项重要内容，保险人应谨慎处理保险理赔事宜。

一、汽车保险理赔的意义

理赔是保险人依照保险合同履行保险责任、被保险人享受保险利益的实现形式，因此，保险理赔涉及投保人（被保险人）和保险人的各自利益，做好理赔工作对双方都有积极意义。

1. 对投保人（被保险人）的意义。

保险理赔对投保人（被保险人）来说，能及时恢复其生产或安定其生活。因为汽车保险的基本职能是损失补偿，当被保险机动车发生事故后，被保险人就会因产生经济损失向保险人索赔，保险人则根据合同对被保险人的损失予以补偿，从而实现对被保险人生产和生活的保障。

2. 对保险人的意义。

首先，车辆理赔可以发现和检验承保业务的质量。例如，通过赔付额度或赔付率等指标，保险人可以发现保险费率、保险金额的确定是否合理，防灾防损工作是否有效，从而进一步改进保险企业的经营管理水平，以提高其经济效益。

其次，提高保险公司知名度。汽车保险的被保险人涉及各行各业，人数众多，是保险公司向社会各界宣传企业形象、推广公共关系的窗口。理赔工作作为保险产品的售后服务环节，理赔人员的服务态度是否主动热情、真诚周到，服务质量是否令人满意，将直接影响保险公司在公众心目中的形象，进而影响公众购买车险的意愿，同时，也将影响公众对其他财产保险的接受程度。因此，保险理赔对于社会公众正确认识保险、接受保险至关重要。

最后，识别保险欺诈。保险欺诈的最终目的是获取赔偿，该目的只有通过理赔才能实现。理赔人员通过加强查勘、定损、核赔等，可有效识别保险欺诈，为保险公司挽回经济损失。

二、汽车保险理赔的特点

汽车保险与其他保险不同，其理赔工作也具有显著的特点。理赔工作人员必须对这些特点有一个清醒和系统的认识，了解和掌握这些特点是做好汽车理赔工作的前提和关键。

（1）被保险人的公众性。我国汽车保险的被保险人曾经是以单位、企业为主，但是，随着个人拥有车辆数量的增加，被保险人中单一车主的比例迅速增加。这些被保险人的特点是其购买保险具有较大的被动色彩，加上文化、知识和修养的局限，使得他们对保险、交通事故处理、车辆修理等知之甚少。检验和理算人员在理赔过程中与其在交流过程中存在较大的障碍。

（2）损失率高且损失幅度较小。汽车保险的保险事故损失金额一般不大，但事故发生的频率高。对于损失金额不大的保险事故，从个案的角度看赔偿的金额不大，但是，积少成多也将对保险公司的经营产生重要影响，所以保险公司在经营过程中需要投入较大的精力和费用。

（3）标的流动性大。由于汽车的功能特点，决定了其具有相当大的流动性。车辆发生事故的地点和时间不确定，要求保险公司必须拥有一个运作良好的服务体系来支持理赔服务，主体是一个全天候的报案受理机制和庞大而高效的检验网络。

（4）受制于修理厂的程度较大。修理厂在汽车保险的理赔中扮演着重要的角色，修理厂的修理价格、工期和质量均直接影响汽车保险的服务。

（5）道德风险普遍。在财产保险业务中汽车保险是道德风险的"重灾区"。汽车保险具有标的流动性强、户籍管理中存在缺陷、保险信息不对称等特点，以及汽车保险条款不完善、相关的法律环境不健全及汽车保险经营中的特点和管理中存在的一些问题和漏洞，给了不法之徒可乘之机，汽车保险欺诈案件时有发生。

（6）强制第三者责任险出台后，按照规定，交通事故中的第三者受伤后，其损失可以直接向车主投保公司索要强制第三者责任险赔偿部分再按照"无过错责任原则"承担赔偿责任。《道路交通安全法》和强制第三者责任险的实施就是要体现以人为本，在法律规则上采用"无过错责任原则"，也就是说，只要机动车辆造成第三者人身损伤，不论是否有事故责任都应该先承担赔偿责任。这将使保险公司车险理赔产生根本性转变，即由原来的按责赔付转变为无责赔付。

三、汽车保险理赔的原则

汽车理赔工作涉及面广，情况比较复杂。在赔偿处理过程中，特别是在对汽车事故进行查勘工作过程中，必须提出应有的要求和坚持一定的原则。

1. 树立为保户服务的指导思想，坚持服务至上的原则。

树立服务意识是整个理赔工作中应该贯彻的主导思想，要坚持服务至上的原则。当发生汽车保险事故后，保险人通过及时理赔，尽量减轻因灾害事故造成的影响，及时安排事故车辆修复，并保证基本恢复车辆的原有技术性能，使其尽快投入生产运营。

2. 重合同、守信用、依法办事的原则。

保险人同被保险人之间的权责关系是通过保险合同建立起来的。保险人是否履行合同，就看其是否严格履行经济补偿义务。因此，保险人在处理赔案时，必须加强法制观念，严格按条款办事，该赔的一定要赔，而且要按照赔偿标准及规定赔足；不属于保险责任范围的损失，不滥赔，同时还要向被保险人讲明道理，拒赔部分要讲事实、重证据。只有这样才能树立保险的信誉，扩大保险的积极影响。

3. 坚决贯彻"八字"理赔原则。

"主动、迅速、准确、合理"是理赔人员长期实践工作的经验总结，是保险理赔工作优质服务的最基本要求。

（1）主动就是接到出险通知后，理赔人员应主动热情地受理案件，积极主动地进行询问、调查、了解和查勘现场，不等、不靠、不推托工作，态度主动，服务热情。

（2）迅速是指接到出险通知后，及时赶赴事故现场查勘，在索赔手续完备的情况下尽快赔偿被保险人的损失；当索赔手续不完备时，尽快通知被保险人补齐材料。即办得快、查得准、赔得及时。

（3）准确就是要求理赔人员对出险案件从查勘、定损、定责以及赔款计算等，都力求准确无误，不发生错赔、滥赔现象。

（4）合理是指理赔人员根据保险合同的规定，本着实事求是的原则，分清责任，合理定损，合情合理地处理赔案。要结合具体案情，在现场查勘、损失财产定损及赔案处理等方面，在尊重客观事实的基础上，具体问题具体分析，既严格按照条款办事，又结合实际情况进行适当灵活处理，使各方面都比较满意。

理赔工作的这八字原则是辩证的统一体，既不能因为单纯追求速度而使工作简单粗糙，又不能只讲求准确、合理而使工作无限期拖延，使案件久拖不决，影响被保险人利益，损害保险公司形象。总的要求是从实际出发，为客户着想，既要讲速度，又要讲质量。

四、汽车保险理赔的业务流程

一般保险公司要求在事故发生后的 48 小时内报案，报案后保险公司会派查勘员到现场判定痕迹是否相符,如果相符,就按程序理赔。对于汽车保险理赔的业务流程不同的保险公司有一些细微差别,实际业务类型也不是千篇一律的。但从总体而言,都要经过受理案件、现场查勘、确定保险责任并立案、定损、核损、理算核赔、结案归档等几个步骤。

汽车保险理赔业务流程如图 3-1 所示。

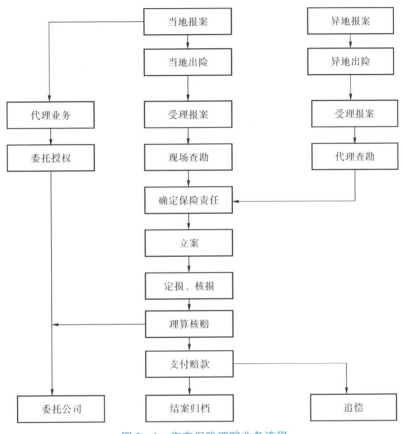

图 3-1 汽车保险理赔业务流程

3.1.2 受理案件

一、报案

保险事故发生后,被保险人应将保险事故发生的时间、地点、原因及造成的损失情况以最快的方式通知保险公司。如果保险事故发生在异地,被保险人应向保险公司及出险当地的分支机构报案。在保险公司人员抵达出险现场之前,被保险人应采取必要的抢救措施。通知保险公司的方式、内容如表 3-1 所示。

表 3-1 通知保险公司的方式、内容

报案期限	报案方式	报案告知内容
保险事故发生后应立即报警，在 48 小时内通知保险公司。	1. 到保险公司报案 2. 电话报案 3. 网上报案	1. 被保险人名称、保单号、保险期限、保险险种 2. 出险时间、地点、原因、车牌号码等 3. 人员伤亡情况、伤者姓名、送医院时间及医院名称等 4. 事故损失及施救情况、车辆停放地点 5. 驾驶员、报案人姓名及与被保险人的关系、联系电话等

二、受理案件的操作流程

保险人接受被保险人报案后，需要开展询问案情、查询与核对承保信息、调度安排查勘人员等工作，具体操作流程如图 3-2 所示。

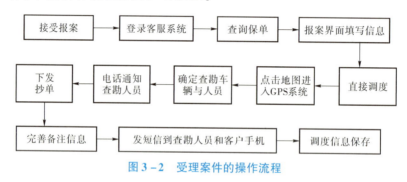

图 3-2 受理案件的操作流程

三、受理案件的工作内容

1. 接受报案。

被保险机动车出险后，被保险人一般是先以口头或电话等方式向保险人报案，然后再补交书面的保险通知书。

（1）报案记录。工作人员在接到报案时，应详细询问报案人姓名及联系方式、被保险人姓名、驾驶员情况、厂牌车型、牌照号码、保险单号码、出险险别、出险日期、出险地点、出险原因和预估损失金额等情况，进行报案记录，并迅速通知业务人员。同时，指导被保险人尽快填报"出险通知书"。如果是电话报案，则要求其事后补填出险通知书。

（2）出险通知书。一般出险通知书应包括如下内容：保险单号码；被保险人姓名、地址和电话号码；被保险机动车的种类及厂牌型号、生产日期、车牌号码；驾驶人的驾龄和与被保险人的关系等；出险时间、地点；出险原因及经过；涉及的第三者情况；处理的交通管理部门名称、经办人姓名及电话号码等；被保险人签章与日期。

2. 核对信息。

接受报案后，应尽快查明出险车辆的保险单和批单，查询是否重复报案，查验出险时间是否在保险期限以内，核对驾驶员是否为保险单中约定的驾驶员，初步审核报案人所述事故原因与经过是否属于保险责任等情况。若事故原因不属于承保范围，应以书面形式说明拒赔理由。

3. 调度查勘。

根据出险报案信息，迅速通知、调度查勘定损人员进行现场查勘。对于需要提供现场救援的案件，应立即安排救援工作。

4. 代理查勘。

代理查勘定损报案的处理，按照"异地出险，就地理赔"的原则将由事故出现地代理查勘、代理定损，并通知承保地保险公司。

3.1.3 接案致电客户

接案致电客户的过程一般分为五个步骤，礼貌招呼、核实案件、询问提醒、指导设置安全标识、安抚情绪等，如图3-3所示。

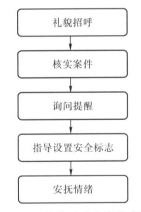

图3-3 接案致电客户的步骤

一、礼貌招呼

在礼貌招呼中，使用问句的方式、征询的语气，采用第二人称，在核实客户的身份后，进行现场查勘员的自我介绍。在介绍自己时，应该简单扼要，不宜过多，说明自己所在公司的名称和自己的姓氏，便于对方在交流过程中进行称谓，一般表达为："喂，您好，我是平安车险的查勘员，小×！""请问您是×先生/女士吗？"这样可以拉近与客户间的关系，使得对方能够在短时间内接受自己。

二、核实案件

在致电客户时,需要核对客户是否报了本公司的案子,一般表述为:"请问您是否报了平安车险/中国人保车险的案子?"同样采用征询的语气、问句的方式,确保案件在自己的辖区内。如总部派险失误,则及时指导客户重新拨打报案热线。

三、询问提醒

通过查勘员与客户间的沟通,提醒客户注意自身安全,保护第一现场,询问事故现场有没有人员伤亡,若有人员伤亡提醒客户及时拨打120、122,一般表述为:"请问事故现场有没有人受伤?"

四、指导设置安全标识

查勘员应指导客户设置安全停车三角标识并开双闪,以提醒后方车辆及时避让。一般表述为:"请打开您车辆的双闪,并在车后方50米处放置三角标识。"

五、安抚情绪

由于客户等待查勘期间一般比较急躁,查勘员要与客户沟通,让客户知晓查勘员到达现场的时间,以缓解客户焦躁的情绪。一般可表述为:"请您少安毋躁/请您稍等,我大约10分钟左右到达您那里!"安抚情绪这一环节在接案致电客户的步骤之中是比较灵活的,它可以根据客户接电的情绪状况提前进行。

实训项目

实训 接受报案

任务描述:

4月10日,你接到一位女士的一般交通事故的报案,此时你作为PICC车险的接线员,如图3-4所示,请根据接受案件的工作内容完成接案工作。

图3-4 接线员接案

实训目的：

掌握接受案件的工作内容及话术。

实训要求：

1. 根据每次的实训内容进行实训总结，即实训报告；
2. 严格按照实训的内容模仿操作；
3. 接案致电客户注意电话礼仪；
4. 严守实训的纪律，吃苦耐劳。

实训的实施方案：

1. 带领学生进入实际案例情境，学生以 PICC 车险接线员的身份进入情境；
2. 介绍接受案件的工作内容；
3. 播放接线员接案视频；
4. 与接案视频中的话术进行对比，规范各环节操作；
5. 现场实操：11 月 28 日，你接到一男士轻微交通事故的报案，此时你作为 PICC 车险的接线员，请根据接受案件的工作内容完成接案工作。

单元二　交通事故现场查勘

单元要点

1. 现场查勘流程；
2. 现场查勘的准备工作；
3. 现场查勘的内容和技术要求；
4. 能根据查勘结果撰写事故查勘报告。

相关知识

现场查勘是指用科学的方法和现代技术手段，对交通事故现场进行实地验证和查询，将所得的结果完整而准确地记录下来的过程。现场查勘是查明交通事故真相的根本措施，是了解出险情况、掌握第一手材料和处理赔案的重要依据。现场查勘的主要内容包括查明出险地点、出险时间、出险原因与经过。现场查勘的其他任务还有施救、整理受损失的财产、妥善处理损余物资、索取出险证明、核实损失数额。现场查勘总的要求是准备充分，及时深入事故现场，按照保险合同规定和尊重事实的原则，依靠地方政府和企业主管部门及广大人民群众的支持和协助，公正、准确、严密地进行调查分析，做到"现场情况明、原因清、责任准、损失实"。

3.2.1　现场查勘的流程

一、对现场查勘人员的要求

现场查勘人员的工作是理赔流程中的现场查勘、填写查勘报告和初步确定保险责任，它是整个理赔工作的前期工作，关系到本次事故是否保险事故、保险人是否应该立案，从而关系到保险人的赔款准备金等。查勘工作未做好，整个理赔工作就会很被动，后面的工作甚至无法进行，所以现场查勘工作是保险理赔工作的重中之重。由于现场查勘中包含众多保险知识和汽车知识，并且查勘人员又是独立外出工作，所以对现场查勘人员有下列要求：

1. 良好的职业道德。

查勘工作的特点是既与保险双方当事人的经济利益直接相关，又具有相对的独立性和技术性，从而使查勘人员具有较大的自主空间。在我国现阶段，社会诚信度总体来说还不是很高，一些不良的修理厂、被保险人会对查勘人员实施各种方式的利诱，希望虚构、谎报或高报损失，以获得不正当利益，因而要求查勘人员具有较高的职业道德水平。首先，应加强思想教育工作，使查勘人员树立建立在人格尊严基础上的职业道德观念。其次，应加强内部管理，建立和完善管理制度，形成相互监督和制约的机制（如双人查勘、查勘与定损分离等）。同时，应采用定期和不定期审计和检查的方式，对查勘人员进行验证和评价，经常走访修理厂和被保险人，对被保险人进行问卷调查以了解其工作情况。最后，加强法制建设。加强对查勘人员的法制教育，使其树立守法的观念。加大执法力度，对于违犯法律的应予以严厉的处分，以维护法律的尊严，起到应有的震慑和教育作用。同时，实施查勘人员的准入制度，使查勘人员的收入和劳动与技术输出相匹配，这是管控查勘人员最有效的办法。

2. 娴熟的专业技术。

机动车辆查勘人员需要具备的专业技术主要包括：机动车辆构造和修理工艺知识、与交通事故有关的法律法规以及处理办法、机动车辆保险的相关知识。这些都是作为一个查勘人员分析事故原因、分清事故责任、确定保险责任范围和确定损失所必需的知识。

3. 丰富的实践经验。

丰富的实践经验一方面有助于查勘人员准确地判断损失原因，科学而合理地确定修理方案；另一方面，在事故的处理过程中，丰富的实践经验对于施救方案的确定和残值的处理也会起到重要作用。同时，具有丰富的实践经验对于识别和防止日益突出的道德风险和保险欺诈有着十分重要的作用。

4. 灵活的处理能力。

尽管查勘人员是以事实为依据，以保险合同及相关法律法规为准绳的原则和立场开展工作，但是有时各个关系方由于利益和角度不同，往往产生意见分歧，甚至冲突，而焦点大都集中在查勘人员的工作上。所以查勘人员应当在尊重事实、尊重保险合同的前提下，灵活地处理保险纠纷，尽量使保险双方在"求大同，存小异"的基础上对保险事故形成统一的认识，使案件得到顺利的处理。

二、现场查勘的工作流程

查勘人员接到查勘通知后，应迅速做好查勘准备，尽快赶到现场，会同被保险人及有关部门开展查勘工作。现场查勘应由两位以上人员参加，并应尽量查勘第一现场，如果第一现场已改变或清理，要及时调查了解有关情况。

现场查勘的操作流程如图3-5所示。

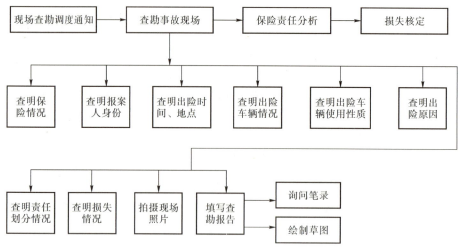

图 3-5 现场查勘的操作流程

3.2.2 现场查勘技术

一、准备工作

(一) 查阅抄单

查阅抄单的具体内容如下:

1. 保险期限。

复核出险时间是否在保险期限内,对于出险时间接近保险起讫时间的案件,做出标记,以便现场查勘时重点核实。

2. 承保险种。

记录承保险种,注意是否只承保了第三者责任险;对于有人员伤亡的案件,注意是否承保了车上人员责任险,车上人员责任险是否指定座位;对于火灾车损案件,注意是否承保了自燃损失险;对于与非机动车的碰撞案件,注意是否承保了无过失责任险等。

3. 新车购置价、保险金额和责任限额。

记住抄单上的新车购置价,以便现场查勘时核实与实际新车购置价是否一致。从抄单的新车购置价和保险金额上可以确定投保比例。注意各险种的保险金额和责任限额,以便现场查勘时心中有数。

(二) 阅读报案登记表

阅读报案登记表的主要内容有:

(1) 被保险人名称、保险标的车牌号。

(2) 出险时间、地点、原因、处理机关、损失概要。

(3) 被保险人、驾驶员及当事人的联系电话。

(4) 查勘时间、地点。

上述内容不应有缺失，如有缺失应向接案人员了解缺失原因及相应的情况。

（三）带好必要的资料及查勘工具

根据出险原因及损失概要准备查勘工具，检查查勘包内是否带齐必要的资料和用具。资料部分有机动车辆保险索赔须知、机动车辆保险报案表、保单抄件、机动车辆保险理赔现场查勘记录、询问笔录、常见车型事故易损零配件价格手册、事故车辆损失确认书等，用具部分包括写字板、笔记本、签字笔、手电筒、相机、印泥、卷尺、砂纸等。如图3-6所示。

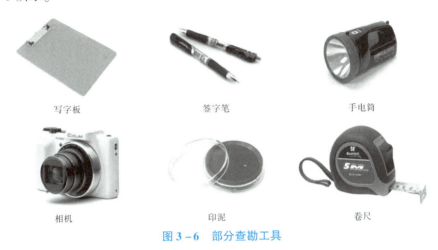

写字板　　　　　　签字笔　　　　　　手电筒

相机　　　　　　印泥　　　　　　卷尺

图3-6　部分查勘工具

二、出险现场

（一）出险现场分类

出险现场，是指事故发生后，车辆、伤亡人员以及与事故有关的物件、痕迹等所处的空间。根据现场的完整真实程度，出险现场一般可以分为四类：

1. 原始现场。

原始现场又称第一现场，即事故发生以后，车辆、人、畜及一切与事故有关的物体、痕迹仍保持事故发生后最初状态的现场。

2. 变动现场。

变动现场指在事故发生后现场查勘前，由自然的或人为非故意的原因，使现场的原始状态部分或全部受到变动的现场。现场产生变动的原因通常有下面五种：

(1) 抢救伤者、排险。指因抢救伤者或排除现场未解除的险情而变动了现场的车辆和有关物体的位置。

(2) 保护不善。指事故发生后，现场的痕迹被过往车辆和行人碾压、踩踏、抚摸而模糊或消失。

(3) 自然破坏。包括因下雨、下雪、刮风、冰雪融化等自然因素的影响，造成现场或物体上遗留下来的痕迹模糊不清或完全消失。

(4) 特殊情况。指执行特殊任务的车辆发生事故后，急需继续执行任务而使车辆离开现场或因其他原因不宜保留的现场。

(5) 车辆驶离。指车辆发生事故后，当事人没有察觉，驾车离开了现场。

3. 伪造现场。

伪造现场是指事故发生后，当事人为了推卸或减轻责任，故意将现场原有的痕迹、物证加以消除、变动，或有意伪造痕迹，按有利于自己的设想重新摆放的现场。

4. 逃逸现场。

肇事车辆驾驶员在事故发生后，为了逃避责任，有意隐瞒事故不报，并将车辆驶离，从而造成变动或破坏的现场。

接到被保险人报案后，有第一现场的，查勘人员应尽快赶赴第一现场进行现场查勘，因为第一现场展现了事故发生后最原始、最真实的状态，有利于查勘人员掌握第一手的资料，为确定保险责任、计算事故损害赔偿提供可靠的依据。如果由于各种原因无法查勘第一现场，此时必须到事故车辆所在地对事故车辆的损失情况进行查勘，基于客观需要还可以到公安机关交通管理部门调查和核实事故第一现场的情况。

（二）查勘方法

现场查勘是一项细致、琐碎且时效性、技术性要求都很强的工作。因此，在查勘前必须根据现场的具体情况确定查勘范围、顺序和重点，拟订查勘方案，有步骤地开展查勘工作。根据现场特征的不同，主要有以下几种常用的查勘方法：

(1) 沿着车辆行驶路线查勘法。适用于事故发生地的痕迹清楚的现场。

(2) 从中心（接触点）向外查勘法。适用于现场范围不大，痕迹、物体集中而且中心明确的现场。

(3) 从外向中心查勘法。适用于范围大、痕迹分散的现场。

(4) 分片、分段查勘法。适用于现场范围大和有伪造嫌疑的现场。

3.2.3 现场查勘的实施

一、收取物证

物证是再现交通事故发生过程和分析事故原因与责任的最为客观的依据，是查勘第一现场最核心的工作。各种查勘技术、方法、手段均为搜集物证服务，如散落车灯、玻璃碎片、保险杠碎片、各种油料痕迹、轮胎痕迹等，做好物证的收取工作是确定事故时点的重要依据，同时也是确定是否属于保险责任的依据。

查勘结束后，查勘人员按规定据实详细填写现场查勘记录，并将查勘的情况与被保险人和修理人交流，必要时可以要求被保险人对于查勘的初步结果进行确认。

二、现场拍照技术

1. 现场拍照中的一般技术常识。

现场拍照中常存在一些技术问题,如现场拍照取景、接片技术在现场拍照中的运用、滤色镜的使用、事故现场常见痕迹的拍摄等。

1)现场拍照的取景。所谓取景,就是根据拍照的目的和要求,确定拍照范围、拍照重点,选择拍照角度、距离的过程。简单地说,就是选择和确定能最充分反映拍照目的和要求,突出主体物的拍照距离和角度。有以下要点:

(1)拍照距离。拍照距离是指拍照立足点和被拍照的物体之间的距离。拍照距离远则拍照范围大,但物体影像小,宜于表现大场面。根据拍照点的距离不同,所拍图像分别称为远景、中景、近景和特写。在现场拍照中,远景和中景用来表现现场概貌,而近景和特写用来表现景物的局部较小物体及某些痕迹等。

(2)拍照角度。拍照角度是指拍照立足点与被拍物体的上下和左右关系。上下关系分俯拍、实拍、平拍、仰拍,左右关系分正面拍照、侧面拍照。

(3)光照方向及角度。光照方向就是指光线与相机拍摄方向的关系。所谓光照角度,是指光线与被照射物体的上下左右关系,有顺光、侧光和逆光之分。

2)接片技术在现场拍照中的运用。

由于受到拍摄距离和相机视角的限制,一次拍照不能全部摄入被拍物体,可采用把被拍摄物体分为几段,多次拍摄,然后把印好的照片拼接在一起,组成一幅照片的方法,表现所需拍摄的景物,就叫作接片。其方法有回转连续拍照法和平行直线连续拍摄法等。

3)事故现场常见痕迹的拍摄。

事故现场常见的痕迹一般有以下几种:

(1)碰撞痕迹。这种痕迹一般在外形上表现为凹陷、隆起、变形、断裂、穿孔、破碎等特征,只要选择合适的拍摄角度即可表现出来。凹陷痕迹,特别是较小、较浅的凹陷痕迹较难拍摄,拍摄这种痕迹时,用光是关键,一般可采用侧光,也可利用反光板、闪光灯进行拍摄。

(2)刮擦痕迹。这种痕迹一般表现为被刮擦的双方表皮剥脱,互相粘挂,如接触点有对方车辆的漆皮或者被刮伤者的衣服纤维、人的皮肉、毛发等。如刮擦痕迹为对方物体的表面漆皮等有颜色物体,可选择相应的滤色镜拍摄,突出被粘挂物。

(3)其他痕迹。

①机件断裂痕迹。一般有明显的陈旧裂痕,能在现场拍照,应立即拍摄,如不便拍摄,可拆下后进行拍摄。

②血迹。拍照时主要应看血迹落在什么颜色的物体上,确定是否用滤色镜和加用何种滤色镜。

③刹车拖印。刹车拖印对判断肇事车辆的运行位置、行驶速度、制动效能及采取措施情况有着十分重要的作用,拍摄重点应放在反映刹车过程的刹车印等痕迹上,特别是起止点与道路中心线或路边的关系。

④小物体及细小痕迹。可采用加近拍镜,或使用镜头接筒(只能用于单镜头反光相机

上）的方法拍摄。

2. 现场拍照要求

1）现场拍照的步骤。

现场方位→现场概貌→重点部位→损失细目。

2）现场拍照的内容。

车辆的号牌、车型和损失部位，车辆外部损伤，细微损失，车辆拆解以及零件的损坏情况。

3）现场拍照的一般要求。

（1）要求拍摄第一现场的全景照片、痕迹照片、物证照片和特写照片。

（2）要求拍摄能够反映车牌号码与损失部分的全景照片。

（3）要求拍摄能够反映局部损失的特写照片。

（4）现场拍照不得有艺术夸张，应影像清晰、反差适中、层次分明。

（5）现场拍照应尽量使用标准镜头，以防成像变形。

（6）现场拍照应按先整体后局部、从远到近、从前到后、从上到下的顺序拍摄损失照片。

4）现场拍照的原则。

现场拍照一般应遵循以下原则：先拍原始，后拍变动；先拍重点，后拍一般；先拍容易的，后拍困难的；先拍易消失与被破坏的，后拍不宜消失与未被破坏的。

现代照相机有数码照相机和光学照相机，对于现场查勘建议有条件时采用两种照相机，因为数码照相机拍摄的照片便于计算机管理，便于网上传输，成像快，缺点是易被修改、伪造，光学照相机正好相反。

查勘人员应当十分注重通过摄影记录损失情况，因为照片不仅是赔款案件的第一手资料，而且是查勘报告具有形象性的旁证材料，也是对文字报告的一个必要补充，应予以充分的重视，防止出现技术失误。

查勘人员的理想照相机要求光学变焦范围不小于 28~112 mm（相当于 35 mm 相机的焦距），镜头有旋转功能最好。

3. 拍照取证

车险查勘拍照是理赔中重要的取证方式，通过拍照可以确认出险标的，反映受损财产的损坏程度，同时可以间接反映保险事故经过的信息，在车险赔案的核损、核价、核赔、赔案后审查等管控环节中具有不可替代的作用。车险查勘拍照对照片的要求是信息完整、图像清晰。在一个赔案中至少应包括以下照片：带牌照的整车照片、受损部位照片、受损配件的细节照片、需要审验证件和证明的照片、车架号或 VIN 码等定型信息照片以及其他证明保险事故的单证照片和事故现场的物证照片等，如图 3-7 所示，是查勘拍照取证要点。

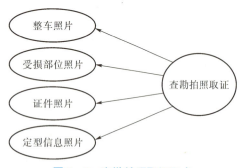

图 3-7 查勘拍照取证要点

例如，某保险公司在现场取证时，需要拍摄车身45°照片，要从车身方向拍四张标的车的全景，让定损员了解标的车破损位置。在拍摄局部时，要清楚反映车辆损失的部位和受损情况，取证车辆损伤/维修部位，确认其他方位没有损伤，防止标的车在维修时产生其他损坏，如图3-8所示。

图3-8 车身整体与局部拍照

查勘人员要与标的车进行合影，证实案件的真实性，同时为明确定损员责任及日后责任的划分提供依据，如图3-9所示。

图3-9 人车合影

对标的车辆更换的配件进行远、中、近景的拍摄取证。通过远景拍摄，获取配件的整体照片，体现出其大体的轮廓；通过中景拍摄，对配件质地等具体情况进行取证；通过近景拍摄对配件编号进行取证。

拍照取证要拍摄车架号或VIN码等定型信息照片。VIN码由17位字符组成，所以俗称十七位码，它包含了车辆的生产厂家、年代、车型、车身型式及代码、发动机代码及组装地点等信息。正确解读VIN码，对于我们正确地识别车型，以及进行正确的诊断和维修都是十分重要的。通过查验VIN码，一方面能够确认标的车辆的合法身份，另一方面避免出现同车型套牌车辆的顶替维修情况。VIN码常见位置：仪表与前风挡左下角的交界处，发动机前横梁上，左前门边或立柱上，发动机、车架等大部件上，左侧轮罩内，前风挡下车身处，转向柱上，散热器支架上，发动机前部的加工垫上。

三、绘制现场图

（一）现场图的意义

现场图是一张以正投影原理的绘图方法绘制，反映事故发生后，现场上一切与事故有关的物体和痕迹的相对位置及状态的平面图。根据现场查勘要求必须迅速、全面地把现场的各种交通元素、遗留痕迹、道路设施以及地物地貌，用一定的比例展现在图纸上。它所表现的基本内容是：

（1）事故现场的地点和方位，现场的地物地貌和交通条件；

（2）各种交通元素以及与事故有关的遗留痕迹和散落物的位置；

（3）各种事物的状态；

（4）通过痕迹显示的事故过程，人、车、畜的动态。

因此，现场图是研究分析出险事故产生原因、判断事故责任、准确定损、合理理赔的重要依据。现场图不仅要求绘图者自己能看懂，更重要的是使别人能看懂，使没有到过出险现场的人能从现场图中了解到出险现场的概貌。

通常第一现场查勘需绘制现场图，非第一现场一般已不具备绘制现场图的条件。机动车辆保险中第一现场查勘多为单方事故，现场查勘图无判断事故为哪方责任的意义，只是为了反映现场状况，使他人通过现场图能够对事故现场状况有个总体的认识。

（二）现场图的种类

现场图根据制作过程可分为现场记录图和现场比例图。

1. 现场记录图。

现场记录图是根据现场查勘程序，在出险现场绘制、标注，当场出图的出险现场示意图。它是现场查勘的主要记录资料。由于现场记录图是在现场绘制的，而且绘图时间短，因而就不那么工整，但内容必须完整，物体位置和形状、尺寸、距离的大小要成比例，尺寸数字要准确。出图前发现问题，可以修改、补充。一般情况下，通过平面图和适当的文字说明即可反映出出险事故现场的概貌。有时，为了表达出险事故现场的空间位置和道路纵横断面几何线型的变化，也常采用立面图和纵、横剖面图。

2. 现场比例图。

现场比例图是根据现场记录图所标明的尺寸、位置，选用一定比例，按照绘图要求，工整、准确地绘制而成的。它是理赔或诉讼的依据。

（三）现场记录图的绘制

现场记录图要求在现场查勘结束时当场出图，要在很短的时间内把现场复杂的情况完整无误地反映在图面上，就要求绘图者必须具备一定的业务水平和熟练的绘图技巧。现场记录图的绘制过程如下：

（1）根据出险现场情况，选用适当比例，进行图面构思。

（2）按近似比例画出道路边缘线和中心线。通常现场图上北下南，上北下南不易表达时，可利用罗盘确定道路走向。在图的右上方绘指北标志，标注道路中心线与指北线的夹角。

（3）根据图面绘制的道路，用同一近似比例绘制出险车辆图例，再以出险车辆为中心向外绘制各有关图例。

（4）根据现场具体条件选择基准点，应用定位法为现场出险车辆及主要痕迹定位。

（5）按现场查勘顺序，先标尺寸，后注文字说明。

（6）根据需要绘制立面图、剖面图或局部放大图。

(7) 检查图中各图例是否与现场相符，尺寸有无遗漏和差错。
(8) 经核对无误，现场查勘人员、当事人或代表应签名。

四、车辆检查

车辆的技术状况及成员、载重情况与交通事故有直接的关系，必须认真地进行检查和鉴定。检查的内容主要包括：转向、制动、挡位、轮胎、喇叭、灯光、后视镜、刮水器等，以及车辆的成员与载重情况。因为在现场查勘时没有台架检查的设备条件，所以在事故车辆允许的情况下，一般进行路试检查。如果必须进行台架试验鉴定，可到国家承认的有关车辆性能鉴定机构进行鉴定、检查。

五、人伤查勘

人身伤亡案件可能涉及法律纠纷，前期能否取得真实可靠的信息对于后期的赔付工作具有极大的影响，要求所有医疗查勘过程中得到的信息必须及时、真实地反映在查勘报告或复查报告中。查勘内容有：

1. 医院查勘部分。

(1) 确认医院符合《道路交通安全法》等有关交通事故处理法律法规的规定。

为确保抢救治疗质量，尽量要求在县级以上公立医院。例如某民营骨伤科医院无手术条件，只用中草药民间秘方治疗，导致大量需手术治疗的伤者遗留功能障碍，导致伤残，扩大损失范围。

(2) 核对伤员姓名、性别、年龄、身份证号码，核实事故经过，记录床位号、住院号、主管医生及接待医生的姓名（记录医生姓名便于进一步了解伤情恢复情况）。

(3) 伤者工作单位及工种，家庭情况（特别是伤者抚养义务方面），护理人员情况（护理人员姓名、工作单位、护理时段、护理时间等）。

(4) 伤者出险时受伤情况，入院时伤情，记录入院的具体时间（通过了解受伤时情况排除非保险责任）。如某被保险人向保险公司报案称驾车拐弯时不慎擦护栏，护栏将行人下肢砸骨折。此种报案的人员受伤为第三者责任险的保险责任，而保险公司向伤者了解时，伤者叙述事故是车拐弯时车上运送的路政护栏掉落伤及行人，此为第三者责任险免责范围。交警出具简易调解书只认定责任，不管经过，如不问及，此案正常赔付就会造成损失。

(5) 入院后的治疗情况（治疗原则、治疗项目、贵重药品以及进口药品的应用情况），如需手术，还要了解手术简要经过。

(6) 伤者住院病房、床位的级别，以及是否有其他服务项目。

(7) 伤者经过治疗伤情恢复情况，目前已经发生的医疗费用。

(8) 下一步治疗方案，后续医疗费用，确定下次查勘的时间。

(9) 是否存在转院可能及转院治疗的依据（交通事故以在事发地就近治疗为原则，如伤情严重以致救治医院医疗技术无法救治伤者，出具转院证明后可转院治疗）。

(10) 伤者既往病史等其他情况（如伤者有高血压、糖尿病、心脏病等，都要记录在

案,建议医院分开记账)。

(11)必要时,拍摄伤情相关照片。

2. 其他部分。

(1)死、残者的家庭抚养情况,需取得户籍所在地派出所的有效户籍证明或相关证明;涉及可能死亡或可能评定伤残等级达到四级的,要在查勘时向其家属了解家庭结构情况,如有几个小孩、多大年龄,父母多大年龄,死者或伤者有兄弟姐妹几个,便于掌握理赔第一手资料。

(2)误工证明需当事人单位的有效劳资证明。

(3)有关残疾用具的证明是否符合要求,需要有相关生产厂家的有效证明。

(4)依据医疗费用、伤残程度、事故责任等采取一次性结案事宜。

查勘完毕,查勘人员根据现场查勘情况填写机动车辆保险事故现场查勘报告,见表3-2。

表3-2 机动车辆保险事故现场查勘报告

被保险人: 保单号码: 赔案编号:

保险车辆基本信息	号牌号码:		是否与底单相符:		车架号码(VIN):		是否与底单相符:	
	厂牌型号:		车辆类型:		是否与底单相符:		检验合格至:	
	初次登记日期:		使用性质:		是否与底单相符:		漆色及种类:	
	行驶证车主:		是否与底单相符:		行驶里程:		燃料种类:	
	方向形式:		变速器类型:		驱动方式:		损失程度:□无损失 □部分损失 □全部损失	
	是否改装:		是否具有合法保险利益:				是否违反装载规定:	
驾驶员信息	姓名:		证号:		初次领证时间:		审验合格至:	
	准驾车型:		是否被保险人允许的驾驶员:		是否约定的驾驶员:□是 □否			
	是否酒后: □是 □否 □未确定				其他情况:			
查勘时间	(1)		是否第一现场:		(2)		(3)	
查勘地点	(1)				(2)		(3)	
出险时间:				保险期限:			出险地点:	
出险原因:□碰撞 □倾覆 □火灾 □自燃 □外界物体倒塌、坠落 □自然灾害 □其他( )								
事故原因:□疏忽 □措施不当 □机械故障 □违法装载 □其他( )								
事故涉及险种:□交强险 □车损险 □第三者责任险 □附加险( )								
专用车、特种车是否有操作证:□有 □无								
营业性客车是否有有效的资格证书:□有 □无								
事故车辆的损失痕迹与事故现场的痕迹是否吻合:□是 □否								
事故为:□单方事故 □双方事故 □多方事故								
保险车辆上人员伤亡情况:□无 □有 伤 人;亡 人								
第三者人员伤亡情况:□无 □有 伤 人;亡 人								
第三者财产损失情况:□无 □有 车辆损失 号牌号码 车牌型号 □非车辆损失( )								
事故经过:								
施救情况:								
备注说明:								

被保险人签字: 查勘员签字:

六、确定保险责任

经过整理分析已获取的查勘资料,包括查勘记录及附表、查勘照片、询问笔录,以及驾驶证照片、行驶证照片等,结合被保险机动车的查勘信息、承保信息以及历史赔案信息,分别判断事故是否属于商业机动车辆保险和交强险的保险责任。经查勘人员核实属于保险责任范围的,应进一步确定被保险人在事故中所承担的责任,有无向第三者追偿问题。同时,还应注意了解被保险机动车有无在其他公司重复投保的情况;对重复报案、无效报案、明显不属于保险责任的报案,应按不予立案或拒绝赔偿案件处理。

确定保险责任后,还需初步确定事故损失金额,并估算保险损失金额。事故损失金额指事故涉及的全部损失金额,包括保险责任部分损失和非保险责任部分损失;保险损失金额指在事故损失金额基础上简单根据保险条款和保险原则剔除非保险责任部分损失后的金额。

对不属于保险责任的,应对事故现场、车辆、涉及的第三者车辆、财产、人身伤亡情况认真地进行记录、取证、拍照等,以便作为拒赔材料存档,同时向被保险人递交拒赔通知书。

七、立案

立案是指对保险标的经初步查验和分析判断,对属于保险责任范围内的事故进行登记和受理的过程。对经过现场查勘,认定在保险有效期内,且属于保险责任范围的案件,应进行立案登记,正式确立案件,统一编号并对其进行程序化管理。立案登记项目依据现场查勘记录中的有关内容认真、准确、翔实地填写。在立案登记时要做到:

(1) 对于符合保险合同条件的案件,应进行立案登记;

(2) 对于不符合保险合同条件的案件,如不在保险有效期、被保险人未按照约定交付保费或不属于保险责任的报案,应在机动车保险报案、立案登记簿上签注"因××不予立案",并向保险人做出书面通知和必要的解释;

(3) 本地公司承保车辆在外地出险的,在接到出险公司通知后,应将代理查勘和定损公司的名称登录在机动车保险报案、立案登记簿上,并注意跟踪赔案的处理情况。

实训 拍照取证

任务描述:

×月×日,在福山区北三路与福海路交会处向东 100 米,一辆黑色桑塔纳在向左后方掉头转弯时,于掉头路口与一辆白色轿车发生碰撞,其中黑色桑塔纳为我方标的车辆。

你作为 PICC 的现场查勘员,在到达现场后,应采集哪些影像资料?

实训目的：
掌握现场查勘拍照取证的要点。

实训要求：
1. 锻炼学生综合素质，如思维能力，现场指挥、协作能力，沟通协调能力等；
2. 灵活应用汽车保险事故现场查勘技术；
3. 正确把握拍照的角度和位置；
4. 提高学生解决问题的能力；
5. 锻炼学生现场应急处理的能力。

实训的实施方案：
1. 呈现事故现场视频与照片，带领学生进入事故情境，学生以 PICC 汽车保险现场查勘员的身份进入情境；
2. 确定任务：现场查勘拍照取证的要点和具体操作规范；
3. 查勘拍照取证；
4. 与真实情境下查勘员的实际操作过程进行对比，规范各环节操作；
5. 现场实操：2007 年 2 月 10 日，吴某驾驶的桑塔纳轿车由于超速行驶而剐蹭到护栏，导致左前翼子板受损。事故发生后，吴某报案并报险，交警赶到现场进行了查勘，认定为单方事故，做出简易事故认定书后，对其进行了处罚。请你作为查勘员到达事故现场进行现场拍照取证。

单元三　定损核损

单元要点

1. 标的车辆进入修理厂后的定损流程；
2. 标的车辆定损前致电客户的话术；
3. 定损拍照取证的要素；
4. 汽车保险事故损失确定；
5. 残值处理；
6. 核损核价。

3.3.1　定损

一、定损人员应具备的素质

为了准确、客观、无争议地完成车辆定损工作，各保险公司均设置机动车辆验损中心，并由专业人员进行定损核价工作，定损人员应具备以下综合素质：

1. 具有良好的职业道德。

良好的职业道德是定损人员应具备的首要素质。因为定损工作与保险双方当事人的经济利益均直接相关，而定损工作又具有独立性和技术性，所以定损人员一般都具有较大的自由掌握空间。一些修理厂和被保险人往往由于受到利益的驱使，会对定损人员实施各种方式的利诱，希望谎报损失或高报损失，以获取不正当的利益。为此，要求定损人员具有较高的职业道德水平，以维护定损核价工作的信誉。

2. 具有娴熟的专业技术。

机动车辆检验工作的专业性和技术性较强，定损人员开展工作的必要条件是具有娴熟的专业技术，主要包括：机动车辆构造和修理工艺的相关知识，机动车辆保险的相关知识，与交通事故有关的法律法规及处理办法的相关知识等。这些知识，为定损人员准确地分析事故成因、分清事故责任提供了理论基础。

3. 具有丰富的实践经验。

在分析和处理交通事故的过程中，除了要具有娴熟的专业技术，丰富的实践经验也是很重要的。丰富的实践经验不仅有助于定损人员准确地认定损失原因，并确定合理的修复方案，而且对于施救方案的确定和残值的处理也起到十分重要的作用。同时，丰富的实践经验也有助于识别和防止日益增多的保险欺诈行为。

4. 具有灵活的处理能力。

对交通事故受损车辆定损的过程，也是一个处理各种关系的过程，这就要求定损人员应善于处理这种多方的关系。尽管定损人员本着公正的态度来开展工作，但由于各方的利益和角度不同，往往会产生矛盾和意见分歧，更严重的会发生冲突，而这种分歧的焦点大多集中在定损人员的工作上，所以定损人员应当在公平公正的前提下，运用灵活的处理能力，使各方对于事故的赔偿处理方案均能形成统一的认识，以便案件顺利处理。

二、定损的操作流程

被保险机动车出险后的定损工作包括车辆损失的确定、人员伤亡费用的确定、其他财产损失的确定、施救费用的确定和残值处理等内容，如图 3-10 所示。

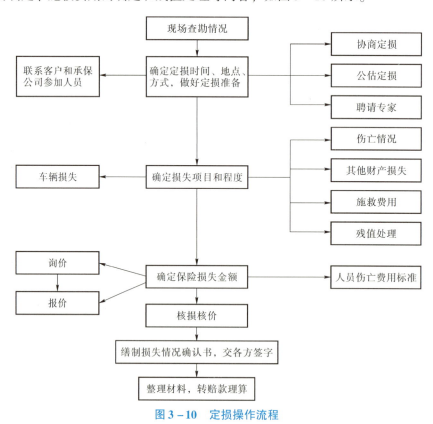

图 3-10　定损操作流程

三、定损前致电客户

定损前致电客户的流程一般分为六个步骤，礼貌招呼、核实案件、自我介绍、安排定损事宜、解答赔付方式、安抚情绪等，如图 3 - 11 所示。

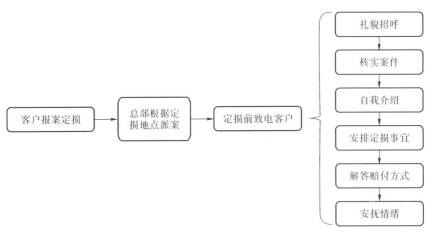

图 3 - 11　定损前致电客户的流程

在致电客户时，应先跟客户礼貌打招呼，进行定损员的自我介绍，然后需要核对客户是否报公司的定损案，接着与客户沟通，安排定损事宜，确定标的车定损时间与地点，一般可表述为"您看您什么时候有时间去修车地点""如果您时间比较紧张，可以将车辆停放在维修处，我去与修车店进行对接即可！"最后为客户解答赔付方式，根据客户的实际状况，采取不同的赔付方式。当客户将事故车送达维修单位，并交纳所有的维修费用给维修单位后，保险公司将赔付款项打给客户指定的个人账户；当客户委托保险公司与维修单位接洽后，保险公司将会把维修费用打给维修单位指定的公司账号。因此，支付方式一般可分为两类：送修车辆→保险公司与送修合作单位结算，非送修车辆→保险公司与客户结算。

四、汽车保险事故损失确定

（一）车辆损失的确定

确定车辆损失应遵循会同验损的原则，即确定车辆损失时应会同被保险人对事故车辆进行车辆损失情况的确定。对于涉及第三方车辆的，还应有第三方及其保险人员参与损失确定工作。同时，确定车辆损失应该坚持以修为主的原则。车辆定损是一项技术性、操作性十分强的工作，既要求定损人员掌握必要的汽车结构、故障诊断检测和维修等方面的知识，具有丰富的实践操作经验，能准确认定车辆、总成和零部件的损伤范围、损伤程度，准确实施修复原则，又要求定损人员能够掌握最新的车辆零配件价格信息，准确确定车辆损失金额。在确定车辆损失之前，对于损失情况严重和复杂的，在可能的条件下，应对受损车辆进行必要的解体，以保证定损工作能够客观、全面地反映事故车辆的损失情况。

车辆损失由各维修项目所必须更换的零配件价格、修理材料费和维修工时费用累加而成，如图 3 - 12 所示，而配件价格的高低和维修工时费用的合理与否是确定车辆损失的关键。

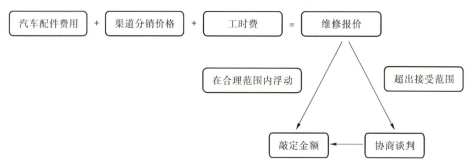

图 3-12 确定车辆损失金额

确定车辆损失的基本步骤：

（1）根据现场查勘情况认真检查受损车辆并确定受损位置、损失项目、损失程度，随后进行登记。

（2）与客户协商确定修理方案，包括换件项目、换件数量、修复项目、检修项目。

（3）根据换件项目、修理项目的有关内容，按照保险公司的详细规定确定损失金额，并打印出"机动车辆保险车辆损失情况确认书"。

（4）对损失金额较大，双方协商难以定损的或受损车辆技术要求高、难以确定损失的，可聘请专家或委托公估机构定损。

（5）受损车辆原则上采用一次定损。定损完毕后，可由被保险人自行选择修理厂修理，或到保险人推荐的修理厂修理。

常见零配件及总成更换标准见表 3-3。

表 3-3 零配件及总成更换标准

项目	材质/属性	损伤类型	换件标准
保险杠	塑料、铁、玻璃钢	开裂、刮伤	1. 螺丝卡扣等衔接部位缺损、遗失两个以上 2. 单处开裂，裂痕大于 15 cm 3. 破损缺口最小直径大于 10 cm 4. 非漆面材质（麻面）划伤/破损，更换标准同普通材质
车身外观金属件	铁	变形、破裂	1. 配件非边缘部位的变形折角外角大于 90° 2. 配件非边缘部位的纯变形面积大于单件外表面总面积的 50%；玻璃框等特殊整体扭曲变形 3. 破裂裂口或者开焊长度达到 5 cm （后翼子板破裂口达到 15 cm、下槛破裂口达到 10 cm） 4. 缺失（下槛或后翼子板缺失面积需达 10 cm^2）
车身外观金属件	铝	变形、破裂	1. 变形面积达配件外表面总面积的 30% 且深度达 1 cm 2. 破裂及缺失
车身外观金属件	玻璃钢	破裂	1. 破裂长度达到 5 cm 2. 破裂及缺失
车身外观金属件	塑料	变形、破裂	1. 产生塑性变形无法安装 2. 裂痕长度达到 3 cm

续表

项目	材质/属性	损伤类型	换件标准
车身底大边	塑料	破裂、刮伤	1. 零件出现缺损或遗失 2. 非金属件的单处断裂裂痕横向长度大于 15 cm 或纵向高度大于 4 cm 3. 非漆面材质划伤/破损/变形（如：麻面、电镀等） 4. 麻面材质刮痕达到 5 cm 且刮痕深度达到 1 mm
	金属	破裂	1. 破裂口长度达到 10 cm 2. 缺失
保险杠电眼	感应式	断线	断线位置在电眼根部 2 cm 以内
		破裂	电眼本体碎裂
	可视	刮伤	刮花影响可视效果的
		断线	断线位置在电眼根部 2 cm 以内
		破裂	电眼本体碎裂
保险杠骨架	铁	变形	变形面积达到总面积的 20%
			折曲度达到 30°
	玻璃钢	缺失	可以更换
		破裂	破裂口长度达到 5 cm
	铝合金	缺失	可以更换；若缺失面积较小，建议补偿性修复
		变形	折曲度达到 15°
		破裂	可以更换；若裂口较小或简单维修，不影响安装使用，建议继续使用
		缺失	可以更换
中网	塑料	刮伤	麻面硬塑料划伤且无法烤漆
		破裂、缺失	可以更换
	镀铬	刮伤	可以更换；不影响使用，协商补偿性修复
		破裂、缺失	可以更换
发动机罩内衬	布及海绵组合	变形	皱褶面积达到发动机罩内衬面积的 30%
		破裂	可更换；破裂轻微不影响安装，建议协商修复
发动机罩铰链	铁	变形	最大变形处达到 1 cm，肉眼可辨
		破裂	可以更换
翼子板内衬	塑料	破裂	断脚达到 2 个；内衬面破裂；小于 5 cm 建议修复
		缺失	可以更换
	化纤材质	破裂	断脚达到 2 个；内衬面破裂
		缺失	可以更换；如缺失不影响，建议按照协商修复

续表

项目	材质/属性	损伤类型	换件标准
散热器框架	塑料	破裂	可以更换；若轻微开裂，建议修复处理
		缺失	可以更换
	铁	变形	变形面积达到散热器框架面积的20%；出现死褶
		破裂	破裂长度达到3 cm
前纵梁	铁	变形	变形弯曲达到30°；褶皱溃缩达到10 cm
		破裂	开焊长度达到15 cm
	铝	变形	变形弯曲达到10°；出现死褶
		破裂	可以更换
倒车镜外壳	塑料	刮伤	麻面刮伤长达到2 cm；若刮擦轻微，建议抛光修复
		破裂	可以更换
	镀铬	刮伤、破裂	可以更换
倒车镜镜片	玻璃	破裂	可以更换
倒车镜转向灯	塑料	刮伤、破裂	可以更换
前后门饰条	塑料	刮伤	刮伤深度达到1 mm；带喷漆的可以修复处理
		变形	变形面积达到饰条总面积的20%
		破裂、缺失	可以更换
	镀铬	刮伤	可以更换
		变形	变形表面出现皱纹
前大灯	塑料	刮伤	灯面刮花深度达到1 mm；刮伤面积达到灯面20%
		破裂	灯外面罩、灯内部壳体、灯后壳体破碎
大灯高压包	/	变形	变形造成配件内部损坏
		破裂	断脚可以更换
雾灯	玻璃/塑料	刮伤	刮痕深度达到1 mm
		破裂	断脚可以更换；断1只脚且未缺失，建议修复处理
尾灯	塑料	刮伤	灯面刮花深度达到1 mm；刮伤面积达到灯面的20%
		破裂	断脚可以更换；断1只脚且未缺失，建议修复处理；破裂可以更换
空调泵	铝合金	变形	电磁离合器皮带盘明显变形，泵轴变形，泵体可见变形
		破裂	外壳、电磁离合器或控制插头明显破碎、开裂、缺失
冷凝器	铝合金	变形	工作管道凹陷变形达到3根；弯曲、局部剧烈变形达到15°或出现明显褶皱
		破裂	明显可见管路破损，缺失
空调管	铝合金	变形	管接头固定端变形修复影响安装；其他部位变形弯度达到30°且发生褶皱；管体凹陷达直径的1/3
		破裂	可以更换

续表

项目	材质/属性	损伤类型	换件标准
发电机	铝合金	变形	皮带轮变形可更换，或者导致轴变形
		破裂	壳体、端头塑料盖开裂
蓄电池	塑料	刮伤	刮痕深度达到2 mm
		变形	变形发白达10 cm^{2}或棱角处出现变形
		破裂	可以更换
车身线束	/	断线	线束完全断开超过10根
		缺失	插头破裂或者丢失达到3个，没有插头单独更换
油底壳	铁、铝合金	变形	凹陷变形深度达到1 cm
		破裂	可以更换
散热器	/	变形	工作管道凹陷变形达到3根；弯曲、局部剧烈变形达到15°或出现明显褶皱
		破裂	明显管路破损或者塑料水槽破损；断脚可以更换
散热器电子扇总成	塑料	变形	电机肉眼可见明显变形且影响使用功能
		破裂	风圈固定脚、风扇支架、风扇叶、电机断裂
进气歧管	硬塑料	破裂	可以更换；断脚可以更换
空气滤清器总成	塑料	破裂	可以更换；断脚达到2个
氧传感器	/	变形	氧传感器本体变形
		破裂	断线可以更换
三元催化器	/	变形	接口变形，影响与排气管安装
		内部损坏	内部蜂窝状陶瓷物质受损
转向节	铸铁/铝	变形、破裂	可以更换
下摆臂	铁/铝合金	变形	出现明显爆漆、褶皱变形
		破裂	可以更换
减震器	液压减震器	变形	可以更换
		内部损坏	减震器出现漏油，伸缩无明显压力
	空气减震器	变形、破裂	可以更换
转向助力泵	/	变形	皮带轮及泵轴撞击变形
		破裂	固定脚断裂、壳体断裂
转向横拉杆	铁	变形	直观可见撞击变形
		破裂	可以更换
轮胎	橡胶	刮伤	可以更换
		变形	轮胎表面鼓包
		破裂、缺失	可以更换

续表

项目	材质/属性	损伤类型	换件标准
ABS 泵	/	缺失	可以更换；ABS 泵线束插口缺失影响安装
		破裂	泵体开裂，塑料外壳开裂导致电路板损失
		变形	电机外壳变形，导致泵体出现故障
元宝梁	铁/铝合金	变形	变形后定位尺寸无法满足技术要求的
		破裂	可以更换
半轴	铁	刮伤	刮擦造成球笼套损坏时，如果球笼不单独提供可以更换半轴
		变形	可以更换
		内部损坏	球笼受损可更换，球笼价格比总成贵，可更换半轴
后桥总成	铁/铝合金	变形	出现明显撞击、褶皱痕迹、爆漆且对角线测量数有误的
		破裂	可以更换
钢圈	铁	变形	失圆或者出现凹陷变形
		缺失	可以更换
	铝合金/拉丝	刮伤	铝合金材质划伤面积达到钢圈面积的 50%，拉丝材质划伤面积达到钢圈面积的 20%，且表面涂层被破坏；刮伤深度达到 5 mm
		变形	失圆或者出现凹陷变形
		破裂、缺失	可以更换
	镀铬	刮伤	划伤或磨损破坏表面涂层
		变形、缺失	可以更换

（二）人员伤亡费用的确定

（1）事故处理应遵循"以责论处，按责分担"的原则，说明承担费用的标准，且应符合现行道路交通事故处理的有关规定。

（2）事故结案前，所有费用均由被保险人先行支付。

（3）对车上及第三者人员伤亡的有关情况要进行调查，重点调查被抚养人的情况及生活费、医疗费，伤残鉴定证明的真实性、合法性和合理性。

（三）其他财产损失的确定

第三者责任险的财产和附加车上货物责任险承运货物的损失，应会同被保险人和有关人员逐项清理，确定损失数量、损失程度和损失金额。同时，要求被保险人提供有关货物、财产的原始发票。定损人员审核后，制作机动车辆保险财产损失确认书，由被保险人签字即可。

对于车上货物责任险中的货物损失，在确定损失金额进行赔偿处理时，需要被保险人提供运单、起运地货物价格证明及第三方被保险人索赔的函件等单证材料。

（四）施救费用的确定

当被保险机动车或其涉及的财物、人员在遭遇保险责任范围内的损失时，被保险人采取措施进行抢救，以防止损失的扩大，其中因采取施救措施而支付的费用即为施救费用。施救费用必须是直接的、必要的、合理的，是按照国家有关规定为施救行为付出的费用。

（五）残值处理

保险事故发生后，造成保险标的全部损失的情况较少，大多数受损保险标的还会留有残值。

残值处理是指保险公司根据保险合同履行了赔偿并取得受损保险标的的所有权后，对于这些受损保险标的的处理。残值是指报废整车的剩余价值。如果定损车辆从未从报废整车残值中受益，应认定残值为零。在通常情况下，更换下来的损坏配件仍有价值，应归保险公司所有。定损时定损人员与客户协商，损坏配件归保险人所有，按实际价值从赔款中扣除。但在协商不成的情况下，保险公司应将已经赔偿的受损物资收回，这些受损物资可以委托保险公司的损余物管理部门收回。

保险标的残值的权利归属于谁，应根据保险人履行保险赔偿责任的情况确定。保险人按照保险合同约定支付保险赔偿金后，可以相应取得受损保险标的残值的所有权。这是因为财产保险以赔偿实际损失为原则，保险财产遭受损失时，被保险人最多只能获得相当于保险标的实际价值的保险赔偿金，不能因参加财产保险而取得额外利益。当保险人按照合同约定支付全部保险赔偿金后，理应取得受损保险标的残值的所有权，否则被保险人就会获得这部分财产的双重利益。《保险法》第五十九条规定：保险事故发生后，保险人已支付了全部保险金额，并且保险金额等于保险价值的，受损保险标的的全部权利归于保险人；保险金额低于保险价值的，保险人按照保险金额与保险价值的比例取得受损保险标的的部分权利。

保险人取得保险标的残值所有权的情况有两种：其一，在足额保险情况下，保险事故发生后，保险人支付了全部保险金额的，受损保险标的全部残值归属于保险人；其二，在不足额险的情况下（保险金额低于保险价值），保险人按照保险金额与保险价值的比例取得受损保险标的的部分权利。

残值的金额可依照更换件的剩余价值（废品回收或可继续使用）来折算。其一标准如下：车价在30万元以上（含30万元）的按更换配件材料费的2%计提，车价在30万元以下的，按更换配件材料费的3%计提；单件价格超过200元以上的高价电子元器件，一旦确定更换，因其残值很低，但道德风险较大，必须回收残件。

根据配件的材质不同，残值可以按以下原则确定：

（1）玻璃制品不扣残值；

（2）灯具和铁的覆盖件，原则上不扣残值，如损坏配件可修复，配件收回；

（3）前、后杠按每条10元收取残值，其他外观塑料件不扣残值；

（4）铝合金钢圈按新件购置价10%扣除残值；

（5）大梁按600~1 000元扣残值；

（6）水箱、冷凝器、发电机、空调泵等发动机辅件，按购置价3%扣除残值。

以上情况适用于更换配件较少的保险理赔案，如果更换配件较多，则按更换配件总价值的1%~2%扣除残值。

如遇被保险人、修理厂不愿扣除残值，可要求将配件交回，并粘贴损余收回标识。

在保险标的残值权益处理过程中，应当注意以下三方面的问题：

（1）保险标的残值权益的转移属于依法自动转移。在保险人按照合同向被保险人支付了保险金后，即依法取得了保险标的残值的相应权益，不需要保险人声明对保险标的残值的权利主张，只要没有明确表示放弃，就依法取得了保险标的残值的相应权益。非经保险人同意，被保险人或其他人不得对该保险标的残值进行处置。

（2）在不足额投保的情况下，保险人只能按照保险金额与保险价值的比例取得受损保险标的的部分权利。即使是足额投保，当保险标的发生失窃等情形时，如果保险人在赔偿时扣除了"免赔额"或要求被保险人承担了一定的自负比例，那么免赔部分或被保险人自负责任的部分，被保险人仍按相关比例取得保险标的残值的部分权益。

（3）在保险标的残值处理过程中，应注意保护被保险人合法的索赔权。例如，在全车盗抢险中，保险标的经过三个月查无下落，在保险人支付保险金之前被盗车辆被追回，被保险人是否有权要求领取保险金？如果保险条款并未明确规定被保险人应当领取被盗机动车（保险人只承担被盗机动车遭受损失的部分），则被保险人有权要求领取保险金。保险人在支付保险金后，取得对被追回被盗车辆的权益。

3.3.2 核损

核损是对定损过程的核查和监督，是确保正确、合理理赔的关键环节，该环节要求相关人员要有高度的责任感和良好的专业素养及专业技能。

一、核损职能

运用车险理赔系统对定损人员或报价人员提交的案件进行同步核损，实现理赔管控高时效、管控手段前端化；检查查勘和定损人员是否按照查勘、定损规范完成现场查勘、定损，查勘、定损资料是否上传完全；通过审核承保情况、报案情况、查勘情况、历史出险记录等信息，审核事故是否属于保险责任、案件是否存在虚假成分；审核定损结果的合理性和准确性。

二、车辆全损或推定全损的条件及计算

1. 全损或推定全损的条件。

（1）事故车辆无法施救；
（2）事故车辆的施救费用达到或者超过保险事故发生时车辆的实际价值；
（3）事故车辆的维修费用达到或者超过保险事故发生时事故车辆的实际价值；
（4）当事故车辆的修理费用与施救费用之和达到或者超过保险事故发生时事故车辆的

实际价值时,可以与被保险人协商采取推定全损处理。

2. 全损或推定全损的计算。

(1) 被保险人收回残余物资:定损金额 = 实际价值 – 残值。

(2) 保险人收回残余物资:定损金额 = 实际价值。

三、核损的注意事项

(1) 车辆核损只能修改换件、修理、辅料的核损单价,不能修改定损价格。

(2) 如果在定损车辆时,某些换件打上了回收标志,则在核损通过时,系统会自动发起一条损余回收任务。

四、核损分类

1. 保险责任的复核。

综合承保、报案、查勘、历史出险记录等环节信息,判断事故是否属于保险责任,案件是否存在虚假成分。

(1) 浏览保单承保险别,审核事故损失是否对应相当的承保险别,损失金额是否超过了对应险别的最高赔付限额。

(2) 查看保险期限,对临近保险起期或止期的保险事故应提高警惕,要对查勘情况进行重点审核。

(3) 核对被保险人与行驶证车主是否相符,不相符的是否已经过户,已经过户的是否要变更被保险人的批单。

(4) 检查驾驶证、行驶证是否有效。

(5) 检查事故现场照片是否符合拍照规范(有无带车牌号的整车照片、拍摄能不能反映事故发生的全貌等),照片日期是否可疑(照片日期在报案时间之前的可能是虚假案件)。

(6) 通过事故现场照片、查勘记录分析事故成因,判断是否存在虚假成分。需要现场复勘的,可以联系查勘人员恢复现场进行复勘。

(7) 对历史出险信息进行查阅,检查是否存在重复索赔的情况。

2. 车辆定损结果的复核。

(1) 审核定损人员上传的初(估)定损清单及事故照片的完整性。

若上传资料不能及时、完整反映事故损失的各项内容或照片不能完整反映事故损失部位的事故全貌,则应通知定损人员补充相关资料。

(2) 换件项目的复核。

①剔除应予修复换件项目(修复费用超过更换费用的除外)。

②剔除非本次事故造成的损失项目。

③剔除历史信息中已经定损更换但修理时未更换的重复索赔损失项目。

④剔除可更换零部件的总成件。根据市场零部件的供应状况,对于能更换零配件的,不更换部件;能更换部件的,不更换总成。

⑤剔除保险车辆标准配置外新增加设备的换件项目（加保新增设备损失险的除外）。

⑥剔除保险责任免除部分的换件项目。例如，车辆爆裂引起的保险事故中所爆车胎，发动机进水后导致的发动机损坏，自燃所造成线路、供油系统的损失等。

⑦剔除超过标准用量的油料、辅料、防冻液、冷媒等。若需要更换汽车空调系统部件，同时冷媒漏失，则可进行回收重复使用处理。

3. 零配件价格的复核。

（1）车辆零配件价格的复核应该以定损系统本地化价格为依据，并在一定范围内上下浮动。已经经过报价的，以报价金额为准。

（2）对于保单有特别约定的，按照约定处理，如专修厂价格，国产、进口玻璃价格等。

（3）残值归保险人的，应对残值的作价进行复核。

4. 维修项目方式的复核。

（1）严格区分事故损失和非事故损失的界限，剔除非本次事故产生的维修项目。

（2）正确掌握维修工艺流程，剔除不必要的维修和拆装项目。

5. 工时和单价的复核。

（1）对照事故照片及修理件的数量和损坏程度，剔除超额工时部分。

（2）以当地的行业维修工时标准为最高上限，参照出险当地的工时市场单价，剔除超额单价部分。

核损的过程如图3-13所示。

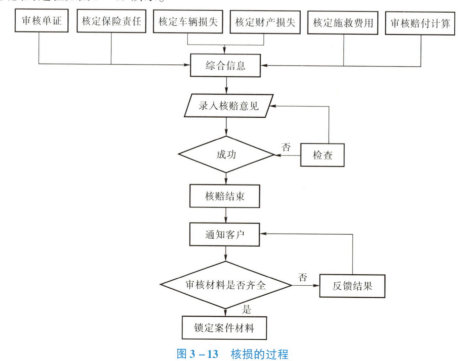

图3-13 核损的过程

实训项目

实训一 定损前致电客户

任务描述:

在福山区永达街附近的一大修厂内,PICC车险的定损员在接到总部派出的定损任务后,随即给客户致电。此时你作为PICC车险的定损员,请简述定损前致电客户的话术。

实训目的:

掌握定损前致电客户的流程。

实训要求:

1. 根据每天的实训内容进行实训总结,即实训报告;
2. 严格按照实训的内容模仿操作,并和保险公司业务员出现场记录每一项操作内容;
3. 出现场时注意交通安全;
4. 严守实训的纪律,吃苦耐劳。

实训的实施方案:

1. 呈现事故现场视频与照片,带领学生进入事故情境,学生以PICC车险定损员的身份进入情境;
2. 确定任务:明确交通事故中常见的损失要素及对接部门;
3. 定损前致电客户;
4. 与真实情境下定损员的实际操作过程进行对比,规范各环节操作;
5. 现场实操:一辆白色POLO将在学院实训中心进行定损维修,你和你的同事(各小组)在接到总部派案后,及时为客户回电,安排定损事宜。

实训二 确定定损金额

任务描述:

在福山区永达街附近的一大修厂内,PICC车险的定损员在到达现场后,开始与维修点的工作人员商讨维修费用。第三方车辆的后保险杠在配件系统中的原厂件为2 300元,而大修厂向定损员报价3 500元。此时你作为PICC车险的定损员,请思考谈判要点及具体话术。

实训目的:

能确定保险标的定损金额。

实训要求:

1. 根据每天的实训内容进行实训总结,即实训报告;
2. 严格按照实训的内容模仿操作,并和保险公司业务员出现场记录每一项操作内容;
3. 出现场时注意交通安全;
4. 严守实训的纪律,吃苦耐劳。

实训的实施方案:

1. 呈现事故现场视频与照片,带领学生进入事故情境,学生以PICC车险定损员的身份进入情境；

2. 确定任务：怎样敲定维修报价；

3. 确定定损金额；

4. 与真实情境下定损员的实际操作过程进行对比，规范各环节操作；

5. 现场实操：一辆白色POLO将在学院实训中心定损维修，你和你的同事（各小组）在接到汽修厂的电话后，及时赶到现场，与工作人员确定定损报价。

实训三　协商更换维修单位

任务描述：

在福山区汇福街发生的一起交通事故中，我方标的车辆剐伤一辆摩托车，你作为PICC车险的定损员，到摩托车修理点对摩托车的维修费用进行定损，然而该维修点要价1 500元，明显虚高。经反复谈判后，未能与维修点达成一致，随后你联系车辆保险受益人，建议他更换维修地点。

实训目的：

能够和客户协商更换维修单位。

实训要求：

1. 根据每天的实训内容进行实训总结，即实训报告；

2. 严格按照实训的内容模仿操作，并和保险公司业务员出现场记录每一项操作内容；

3. 出现场时注意交通安全；

4. 严守实训的纪律，吃苦耐劳。

实训的实施方案：

1. 呈现事故现场视频与照片，带领学生进入事故情境，学生以PICC车险定损员的身份进入情境；

2. 确定任务：明确在定损过程中与维修厂达不成一致时如何更换维修地点；

3. 协商更换维修地点；

4. 与真实情境下定损员的实际操作过程进行对比，规范各环节操作；

5. 现场实操：一辆白色POLO将在学院实训中心进行定损维修，经定损完毕后，超出规定限额，你和你的同事（各小组）需及时与客户回电沟通，进一步进行协商是否更换维修单位。

实训四　复勘

任务描述：

在福山区永达街的一家大修厂内，你辖内的一辆福特探险者已经维修完毕，现大修厂通知你前去复勘。

实训目的：

能够完成与各损失方沟通、对接的工作过程。

实训要求：

1. 根据每天的实训内容进行实训总结，即实训报告；

2. 严格按照实训的内容模仿操作，并和保险公司业务员出现场记录每一项操作内容；

3. 出现场时注意交通安全；

4. 严守实训的纪律，吃苦耐劳。

实训的实施方案：

1. 呈现事故现场视频与照片，带领学生进入事故情境，学生以 PICC 车险定损员的身份进入情境；

2. 确定任务：明确复勘的目的和意义；

3. 对事故车辆进行复勘；

4. 与真实情境下定损员的实际操作过程进行对比，规范各环节操作；

5. 现场实操：一辆白色 POLO 已维修完毕，现大修厂通知你前去复勘。

实训五　核损

任务描述：

将自己辖内的一起定损案件上传至公司系统，等待上级的核损核价。

作为 PICC 车险的定损员，要求你简单了解核损核价过程，为日后职业生涯的发展做好铺垫。

实训目的：

能够完成核损工作。

实训要求：

1. 根据每天的实训内容进行实训总结，即实训报告；

2. 严格按照实训的内容模仿操作，并和保险公司业务员出现场记录每一项操作内容；

3. 出现场时注意交通安全；

4. 严守实训的纪律，吃苦耐劳。

实训的实施方案：

1. 呈现事故现场视频与照片，带领学生进入事故情境，学生以 PICC 车险定损员的身份进入情境；

2. 确定任务：明确核损的内容与核价；

3. 对事故车辆进行核损；

4. 与真实情境下定损员的实际操作过程进行对比，规范各环节操作。

单元四　赔款理算

单元要点

1. 交强险的赔款理算；
2. 车损险的赔款理算；
3. 第三者责任险的赔款理算；
4. 车上人员责任险的赔款理算。

相关知识

3.4.1　交强险的赔款理算

被保险人在使用被保险机动车过程中发生交通事故，致使受害人（不包括被保险机动车本车车上人员、被保险人）遭受人身伤亡或者财产损失，依法应当由被保险人承担的损害赔偿责任，保险人按照交强险合同的约定对每次事故在分项赔偿限额内负责赔偿。

一、赔款计算

在交强险各分项赔偿限额内，对受害人人身伤亡、财产损失分别计算赔款：

总赔款 = $\sum$ 各分项损失赔款

　　　 = 受害人死亡伤残赔款 + 受害人医疗费用赔款 + 受害人财产损失赔款

1. 两辆及两辆以上机动车交通事故的赔款计算。

（1）交管部门未确定保险事故各方车辆在交强险项下所承担的赔偿责任时：

各分项核定损失金额 = 交通事故中被保险机动车以外的所有受害人的各分项核定损失金额之和 $\times (N-1)$

其中，N 为交通事故中肇事机动车的数量。

（2）交管部门已确定保险事故各方车辆在交强险项下所承担的赔偿责任时：

各分项核定损失金额 = 交通管理部门确定的被保险机动车对事故中所有受害人承担的各分项损失之和。

（3）肇事车辆中（除被保险机动车外）有未投交强险的，视同投保车辆计算赔款。

2. 机动车与非机动车、行人之间发生交通事故的赔款计算。

（1）事故中所有受害人的分项核定损失之和在交强险分项赔偿限额之内的，按实际损失计算赔偿。

（2）事故中所有受害人的分项核定损失之和超过交强险分项赔偿限额的，按分项赔偿限额计算赔偿。

3. 多车（三车及三车以上）相撞事故的赔款计算。

对于多车相撞的事故，交管部门仅确定责任，没有确定各方车辆在交强险项下所承担的赔偿金额时，各方车辆在交强险项下按照有责、无责进行处理，不按照责任比例的大小进行处理，且各项赔偿限额在有责、无责限额下单独核算。基本赔偿比例计算公式如下：

主车(赔偿方)的赔偿比例 = 主车(赔偿方)对应的责任限额 ÷ (赔偿方对应的责任限额 + 其他赔偿方对应的责任限额)

（1）确定被赔偿方在死亡伤残、医疗费用、财产损失三项赔偿下的损失金额，以对应项目损失金额为基数，以主车（赔偿方）的赔偿比例为比率，进行计算。

（2）根据以上计算结果，对于主车（赔偿方）需要赔偿给各个被赔偿方的总额不超过对应限额时，按照以上计算的分摊结果赔付给各方；总额超过对应限额的，按照需要赔偿给各个被赔偿方的金额占总赔偿额之和的比例乘以对应交强险的对应限额进行赔偿。

（3）判断交强险是否赔足，若被赔偿方没有得到全额赔付，同时赔偿方的交强险限额未赔足，则在交强险限额内补足。对于分摊的各项损失合计没有超过剩余赔偿限额的，按分摊结果赔付各方；超过限额的，则按每项分摊的金额占各项分摊金额总和的比例乘以剩余交强险赔偿限额分摊，直至被赔偿方均得到足额赔偿或赔偿方的交强险无剩余限额。

4. 多辆被保险机动车碰撞非机动车或行人的赔款计算。

各被保险机动车的保险人分别在交强险的责任限额内承担赔偿责任。若交通管理部门未确定事故各方车辆应承担的赔偿责任，各保险人平均分摊赔款金额。

5. 两辆及两辆以上机动车与多个非机动车、行人的交通事故赔款计算。

参照本节上述规定计算赔偿。

6. 受害人财产损失需要施救的赔款计算。

财产损失赔款与施救费累计不超过财产损失赔偿限额。

7. 被保险机动车投保一份以上交强险的赔款计算。

各保险人的赔偿金额的总和不超过一份交强险合同的责任限额，保险人按照交强险合同的责任限额与各交强险合同责任限额的总和的比例承担赔偿责任。

二、预付赔款

被保险机动车发生涉及受害人受伤的交通事故，因抢救受害人需要保险人支付抢救费用的，在接到公安机关交通管理部门的书面通知和医疗机构出具的抢救费用（已发生）清单后，对于符合规定的抢救费用，在医疗费用赔偿限额内支付。被保险人在交通事故中无责任的，保险人在无责任医疗费用赔偿限额内支付。

三、垫付赔款

凡符合交强险中垫付条件的,致害人向医疗机构支付受害人人身伤亡的抢救费用不足的,在接到公安机关交通管理部门的书面通知和医疗机构出具的抢救费用清单后,对不足的部分,在医疗费用赔偿限额内垫付。被保险人在交通事故中无责任的,在无责任医疗费赔偿限额内垫付。

四、赔偿顺序

(1)保险事故造成受害人财产损失,同时涉及受害人的车辆损失、受害人车辆以外的财产损失、受害人车上财产损失时,优先赔偿受害人车辆损失以外的其他财产的损失。

(2)死亡伤残、医疗费用赔偿金额超过交强险赔偿限额的,在限额内按以下顺序赔偿:

①死亡伤残赔偿顺序:残疾赔偿金、残疾辅助器具费(丧葬费、死亡补偿费)、护理费、误工费、交通费、住宿费(受害人亲属办理交通事故支出的合理交通、住宿、误工费用)、被抚养人生活费。

②医疗费用赔偿顺序:抢救费、医药费、诊疗费、住院费、住院伙食补助费、后续治疗费、整容费、必要的营养费。

③精神损害抚慰金:对被保险人依照法院判决或者调解承担的精神损害抚慰金,在其他赔偿项目足额赔偿后,在死亡伤残赔偿限额内赔偿。

五、死亡伤残费用和医疗费用的核定标准

按照《最高人民法院关于审理人身损害赔偿案件适用法律若干问题的解释》规定的赔偿范围、项目和标准,公安部颁布的《道路交通事故受伤人员伤残评定》(GB 18667—2002),以及《道路交通事故受伤人员临床诊疗指南》和交通事故发生地的基本医疗标准校定人身伤亡的赔偿金额。

六、赔款理算案例

【案例一:单车肇事,三者伤一人,损失财产,超限额】

被保险机动车 A 发生交通事故,导致骑车人王某受伤,事故造成伤者王某医药费12 000元,护理费800元,误工费4 500元,自行车损失200元。交强险死亡伤残赔偿、医疗费用、财产损失赔偿限额分别为5万元、8 000元和2 000元(下同),则 A 车交强险赔款计算如下:

$$赔款 = 死亡伤残费用赔款 + 医疗费用赔款 + 财产损失赔款$$
$$= 死亡伤残费用核定金额 + 医疗费用核定金额 + 财产损失核定金额$$
$$= (4\ 500 + 800) + 8\ 000 + 200$$
$$= 13\ 500(元)$$

因医疗费用 12 000 元超过医疗费用责任限额，按责任限额计算。

【案例二：两车相撞，未定责，车损，三者伤一人，未超限额】

被保险机动车 A 与三者车 B 发生交通事故，造成 A 车与 B 车受损、B 车上人员柳某受伤，经交警现场处理但未划分责任。本案发生 A 车修理费 2 000 元、B 车修理费 1 000 元、柳某医疗费用 500 元，则 A 车交强险赔款计算如下：

$$\begin{aligned}赔款 &= \sum 各分项损失赔款 \times (N-1) \\ &= (受害人医疗费用赔款 + 受害人财产损失赔款) \times (N-1) \\ &= (500 + 1\,000) \times (2-1) \\ &= 1\,500(元)\end{aligned}$$

【案例三：三车相撞，已定责，车损，三者伤一人，未超限额】

被保险机动车 A 在行驶过程中与机动车 B 发生追尾事故后又被机动车 C 追尾，造成三车损坏及 B 车车上人员王某和 C 车车上人员江某受伤。交警进行处理并确定 A 车负 60% 的责任、C 车负 40% 的责任、B 车没有责任。伤者痊愈出院后经交警裁定，事故费用如下：

A 车维修费 2 000 元，B 车维修费 1 000 元，C 车维修费 1 500 元；

王某医药费 1 000 元，诊疗费 500 元，住院费 200 元，误工费 2 800 元，交通费 200 元，护理费 600 元；

江某医药费 2 000 元，诊疗费 600 元，住院费 800 元，误工费 3 000 元，交通费 200 元，护理费 800 元。

本案赔款计算如下：

（1）各分项损失金额

①王某的死亡伤残费用 = 误工费 + 交通费 + 护理费
$$= 2\,800 + 200 + 600$$
$$= 3\,600(元)$$

②王某的医疗费用 = 医药费 + 诊疗费 + 住院费
$$= 1\,000 + 500 + 200 = 1\,700(元)$$

③王某的财产损失 = B 车维修费 = 1 000 元

④江某的死亡伤残费用 = 误工费 + 交通费 + 护理费
$$= 3\,000 + 200 + 800$$
$$= 4\,000(元)$$

⑤江某的医疗费用 = 医药费 + 诊疗费 + 住院费
$$= 2\,000 + 600 + 800$$
$$= 3\,400(元)$$

⑥江某的财产损失 = C 车维修费 = 1 500 元

(2) 根据交通管理部门确定的赔偿责任计算各分项赔款

①死亡伤残费用赔款 =（王某死亡伤残费用 + 江某死亡伤残费用）× 事故责任比例

$$= (3\,600 + 4\,000) \times 60\%$$
$$= 4\,560(元)$$

②医疗费用赔款 =（王某医疗费用 + 江某医疗费用）× 事故责任比例

$$= (1\,700 + 3\,400) \times 60\%$$
$$= 3\,060(元)$$

③财产损失赔款 =（B 车维修费 + C 车维修费）× 事故责任比例

$$= (1\,000 + 1\,500) \times 60\%$$
$$= 1\,500(元)$$

(3) 交强险总赔款 = $\sum$ 各分项损失赔款

= 受害人死亡伤残赔款 + 受害人医疗费用赔款 + 受害人财产损失赔款

$$= 4\,560 + 3\,060 + 1\,500$$
$$= 9\,120(元)$$

【案例四：车撞人，全责，多人受伤，未超限额】

被保险机动车 A 在行驶过程中超速加上临危处置不当造成将行人夏某和张某撞伤的事故，经交警判定 A 车负全部责任。经交警裁定两名受伤人员的费用如下：夏某医药费 1 500 元，诊疗费 500 元，住院费 200 元，误工费 1 800 元；张某医药费 1 800 元，诊疗费 600 元，住院费 300 元，误工费 2 100 元。

本案赔款计算如下：

(1) 死亡伤残费用赔款

①夏某死亡伤残费用赔款 = 误工费 = 1 800 元

②张某死亡伤残费用赔款 = 误工费 = 2 100 元

③伤者死亡伤残费赔款总额 = 夏某死亡伤残费赔款 + 张某死亡伤残费赔款

$$= 1\,800 + 2\,100$$
$$= 3\,900(元)$$

(2) 医疗费用赔款

①夏某医疗费用赔款 = 医药费 + 诊疗费 + 住院费

$$= 1\,500 + 500 + 200$$
$$= 2\,200(元)$$

②张某医疗费用赔款 = 医药费 + 诊疗费 + 住院费

$$= 1800 + 600 + 300$$
$$= 2\,700(元)$$

③伤者医疗费用赔款总额 = 夏某医疗费用赔款 + 张某医疗费用赔款
$$= 2\ 200 + 2\ 700$$
$$= 4\ 900(元)$$
（3）本案的交强险总赔款 = 伤者死亡伤残费赔款总额 + 伤者医疗费用赔款总额
$$= 3\ 900 + 4\ 900$$
$$= 8\ 800(元)$$

【案例五：车撞人，全责，多人受伤，超限额】

被保险机动车 A 在途经某校园门口时由于采取措施不当，将横过马路的学生周某、吴某撞伤，经交警裁定，何某负事故的全部责任。伤者被急救中心治疗后，周某于当日经抢救无效死亡，吴某经治疗后痊愈出院，经交警裁定两名受伤人员的费用如下：周某医药费 10 000 元，诊疗费 2 000 元，住院费 200 元，丧葬费 5 000 元，死亡补偿费 70 000 元，亲属 2 人参加处理事故，误工费 4 000 元，交通费 1 000 元；吴某医药费 12 000 元，诊疗费 3 000 元，住院费 1 000 元，交通费 300 元，护理费 2 000 元，住院伙食补助费 1 200 元。

本案的赔款计算如下：

（1）死亡伤残费用赔款

①周某的死亡伤残费用 = 丧葬费 + 死亡补偿费 + 事故处理人员交通费
$$= 5\ 000 + 70\ 000 + 1\ 000$$
$$= 76\ 000(元)（事故处理人员误工费不在赔偿范围）$$

②吴某的死亡伤残费用 = 交通费 + 护理费
$$= 300 + 2\ 000$$
$$= 2\ 300(元)$$

③周某的死亡伤残赔款 = 该项目赔偿限额 × 周某的死亡伤残费用 ÷ 死亡伤残总费用
$$= 50\ 000 \times 76\ 000 \div (76\ 000 + 2\ 300)$$
$$= 48\ 531.29(元)$$

④吴某的死亡伤残赔款 = 该项目赔偿限额 × 吴某的死亡伤残费用 ÷ 死亡伤残总费用
$$= 50\ 000 \times 2\ 300 \div (76\ 000 + 2\ 300)$$
$$= 1\ 468.71(元)$$

（2）医疗费用赔款

①周某的医疗费用 = 医药费 + 诊疗费 + 住院费
$$= 10\ 000 + 2\ 000 + 200$$
$$= 12\ 200(元)$$

②吴某的医疗费用 = 医药费 + 诊疗费 + 住院费 + 住院伙食补助费
$$= 12\ 000 + 3\ 000 + 1\ 000 + 1\ 200$$
$$= 17\ 200(元)$$

③周某的医疗费用赔款 = 该项目赔偿限额 × 周某的医疗费用 ÷ 医疗总费用
$$= 8\ 000 \times 12\ 200 \div (12\ 200 + 17\ 200)$$
$$= 3\ 319.73(元)$$

④吴某的医疗费用赔款 = 该项目赔偿限额 × 吴某的医疗费用 ÷ 医疗总费用
　　　　　　　　　　 = 8 000 × 17 200 ÷（12 200 + 17 200）
　　　　　　　　　　 = 4 680.27（元）
（3）周某的赔款 = 死亡伤残赔款 + 医疗费用赔款
　　　　　　　　 = 48 531.29 + 3 319.73
　　　　　　　　 = 51 851.02（元）
　　吴某的赔款 = 死亡伤残赔款 + 医疗费用赔款
　　　　　　　 = 1 468.71 + 4 680.27
　　　　　　　 = 6 148.98（元）
（4）本案的交强险总赔款 = 周某的赔款 + 吴某的赔款
　　　　　　　　　　　　 = 51 851.02 + 6 148.98
　　　　　　　　　　　　 = 58 000（元）

3.4.2　车损险的赔款理算

商业保险的赔偿实行"过错责任赔偿"的原则。保险人依据被保险机动车驾驶人在事故中所负责任比例承担相应的赔偿责任。被保险人或被保险机动车驾驶人根据有关法律法规规定选择自行协商，或由公安机关交通管理部门未确定事故责任比例的，保险人按照下列规定确定事故责任比例：被保险机动车一方负事故主要责任的，责任比例为70%；被保险机动车一方负事故同等责任的，责任比例为50%；被保险机动车一方负事故次要责任的，责任比例为30%。

一、赔款计算

1. 全部损失的计算

被保险机动车在保险事故中发生整体损毁，受损严重失去修复价值或修复费用基本接近出险时车辆的实际价值，即形成实际全损或推定全损。

（1）被保险机动车发生全部损失后，如出险当时实际价值扣除交强险赔款（车损部分）高于保险金额的，赔款计算公式为：

　　赔款 =（保险金额 – 残值）× 事故责任比例 ×（1 – 免赔率之和）– 绝对免赔额

（2）被保险机动车发生全部损失后，如出险当时实际价值扣除交强险赔款（车损部分）低于保险金额的，赔款计算公式为：

　　赔款 =（实际价值 – 交强险赔款＜车损部分＞ – 残值）× 事故责任比例 ×（1 – 免赔率之和）– 绝对免赔额

2. 部分损失的计算

如果被保险机动车部分损失一次赔款金额、交强险赔款（车损部分）及免赔金额之和大于或等于保险金额时，本保险的保险责任即行终止。

(1) 被保险机动车的保险金额等于或高于投保时新车购置价的，赔款计算公式为：

赔款 =（实际修复费用 – 交强险赔款＜车损部分＞ – 残值）× 事故责任比例 ×（1 – 免赔率之和）– 绝对免赔额

(2) 被保险机动车的保险金额低于投保时新车购置价的，赔款计算公式为：

赔款 =（实际修复费用 – 交强险赔款＜车损部分＞ – 残值）×（保险金额/新车购置价）× 事故责任比例 ×（1 – 免赔率之和）– 绝对免赔额

注：出险当时被保险机动车的实际价值，即按保险事故发生时同种类型车辆市场新车购置价（含车辆购置附加费〈税〉）减去该车已使用年限折旧后确定。折旧系数见本书附录中的参考折旧系数表。

3. 施救费用的计算

施救费用在被保险机动车损失赔偿金额以外另行计算，最高不超过保险金额。

施救的财产中，含有本保险合同未保险的财产，应按被保险机动车出险时的实际价值占总施救财产的实际价值比例分摊施救费用。

(1) 被保险机动车的保险金额按投保时新车购置价确定的，施救费用的赔偿计算公式为：

赔款 =（实际施救费用 – 交强险赔款＜施救费用部分＞）× 保险车辆实际价值/施救财产总价值 × 事故责任比例 ×（1 – 免赔率之和）– 绝对免赔额

(2) 被保险机动车的保险金额低于投保时的新车购置价，施救费用的赔偿按保险金额与新车购置价的比例计算，计算公式为：

赔款 =（实际施救费用 – 交强险赔款＜施救费用部分＞）× 施救财产总价值 ×（保险金额/新车购置价）× 事故责任比例 ×（1 – 免赔率之和）– 绝对免赔额

二、赔款理算案例

【案例一：全部损失，全部责任】

2008年9月15日，冯某购买家庭用桑塔纳一辆，新车购置价13万元，投保了交强险和车损险，车损险的保险金额10万元。2008年10月5日晚22时，冯某驾车行驶在重庆外环高速路上，与同向行驶的解放货车追尾，致使车辆报废，经保险公司鉴定残值12 000元。此事故经交警裁定冯某负事故全部责任，请计算车损险赔款。

根据案情确定：

事故责任比例为100%，事故责任免赔率为15%，交强险赔款为2 000元。

出险当时实际价值扣除交强险条款车损部分限额2 000元后为128 000元，高于保险金额10万元，因此车损险赔款计算如下：

赔款 =（保险金额 – 残值）× 事故责任比例 ×（1 – 免赔率之和）

　　　=（100 000 – 12 000）× 100% ×（1 – 15%）

　　　= 74 800（元）

【案例二：全部损失】

2007年5月17日，某单位的桑塔纳轿车投保了交强险及车损险，保险金额13万元。2007年6月19日晚22时，冯某驾车行驶在重庆渝长高速路上，与同向行驶的解放货车追尾，致使车辆报废，经保险公司鉴定残值12 000元，车辆出险时已使用三年，月折旧率为0.6%，新车购置价13万。此事故经交警裁定冯某负事故全部责任，请计算车损险赔款。

根据案情可以确定：事故责任比例100%；事故责任免赔率为15%；交强险赔款为400元。

车损险赔款计算如下：

出险时车辆的折旧金额 = 出险时新车购置价 × 被保险机动车已使用月数 × 0.6%

$$= 130\ 000 \times 36 \times 0.6\%$$
$$= 28\ 080(元)$$

出险时车辆的实际价值 = 出险时新车购置价 − 出险时车辆的折旧金额

$$= 130\ 000 - 28\ 080$$
$$= 101\ 920(元)$$

本案赔款计算如下：

赔款 = (实际价值 − 交强险赔款〈车损部分〉− 残值) × 事故责任比例 × (1 − 免赔率之和)

$$= (101\ 920 - 400 - 12\ 000) \times 100\% \times (1 - 15\%)$$
$$= 76\ 092(元)$$

【案例三：部分损失，全部责任】

一辆东风货车足额投保了营运车辆损失险，新车购置价8万元，在会车时，被对方车辆刮撞翻入路边沟内，造成本车车损3 000元，施救费800元。经交警裁决双方各负其责。请计算车损险赔款。

根据案情确定：事故责任比例为100%；事故责任免赔率为15%；交强险赔款为2 000元。

赔款 = (实际施救费用 − 交强险赔款〈施救费用部分〉) × 事故责任比例 × (1 − 免赔率之和)

$$= (3\ 000 + 800 - 2\ 000) \times 100\% \times (1 - 15\%)$$
$$= 1\ 530(元)$$

【案例四：部分损失，同等责任】

出租车A在保险公司按70 000元投保了营运车辆损失险，投保时新车购置价为100 000元。在保险期限内与出租车B发生碰撞，造成双方车损的事故，经交警裁定，双方分别负事故同等责任。A车损失4 000元，B车损失3 000元，无残值，计算A车车损险赔款。

根据案情确定：事故责任比例为50%；事故责任免赔率为10%；交强险赔款为2 000元。

赔款 =（实际修复费用 – 交强险赔款＜车损部分＞ – 残值）×（保险金额/新车购置价）×
　　　事故责任比例 ×（1 – 免赔率之和）
　　 =（4 000 – 2 000 – 0）×（70 000 ÷ 100 000）× 50% ×（1 – 10%）
　　 = 630（元）

3.4.3　第三者责任险的赔款理算

第三者责任险的赔偿金额，按《道路交通安全法》《最高人民法院关于审理人身损害赔偿案件适用法律若干问题的解释》规定的赔偿范围、项目和标准，以及保险合同的约定进行确定和计算。

一、赔偿范围

被保险机动车发生责任事故时涉及第三者损失，保险人依照法律法规和保险合同的约定，在保险单载明的赔偿限额内核定应由被保险人承担的超出交强险赔偿限额部分的赔款。

二、赔偿责任

保险人依据被保险机动车驾驶人在事故中所负责任比例，承担相应的赔偿责任。被保险人或被保险机动车驾驶人根据有关法律法规规定选择自行协商，或公安机关交通管理部门未确定事故责任比例的，保险人按照下列规定确定事故责任比例：

（1）被保险机动车一方负事故主要责任的，事故责任比例为70%。
（2）被保险机动车一方负事故同等责任的，事故责任比例为50%。
（3）被保险机动车一方负事故次要责任的，事故责任比例为30%。

应当由交强险赔偿的损失和费用，第三者责任险不负责赔偿。

被保险机动车未投保交强险或交强险合同已经失效的，对于交强险责任限额以内的损失和费用，第三者责任险不负责赔偿。

被保险机动车重复投保第三者责任险的，保险人按照合同责任限额与重复保险合同责任限额总和的比例承担赔偿责任。

保险人与被保险人就赔款金额协商确定并赔偿结案后，受害人又就同一事故向被保险人提出赔偿请求的，第三者责任险不负赔偿责任。

被保险人获得赔偿后，保险合同继续有效，直至保险期间届满。

保险公司受理报案、进行现场查勘、核损定价、参与案件诉讼、向被保险人提供建议以及对相关单证的出具和要求等行为，均不构成第三者责任险对赔偿责任的承诺。

三、免赔率规定

保险人在依据保险合同约定计算赔款的基础上,按下列免赔率免赔:

(1) 负次要事故责任的免赔率为5%,负同等事故责任的免赔率为10%,负主要事故责任的免赔率为15%,负全部事故责任的免赔率为20%。

(2) 违反安全装载规定的,增加免赔率10%。

(3) 投保时指定驾驶人,保险事故发生时为非指定驾驶人使用被保险机动车的,增加免赔率10%。

(4) 投保时约定行驶区域,保险事故发生在约定行驶区域以外的,增加免赔率10%。

四、赔款计算

第三者责任险规定的每次事故赔偿限额分以下八档,由投保人与保险公司在签订保险合同时协商确定,并在保险单上载明:5万元、10万元、15万元、20万元、30万元、50万元、100万元和100万元以上,且最高不超过5 000万元。

第三者责任险在不考虑交强险的情况下按以下方法计算赔偿金额:

(1) 当被保险人应负赔偿金额高于赔偿限额时:

$$赔款 = 赔偿限额 \times (1 - 事故责任免赔率) \times (1 - 绝对免赔率)$$

(2) 当被保险人应负赔偿金额等于或低于赔偿限额时:

$$赔款 = 应负赔偿金额 \times (1 - 事故责任免赔率) \times (1 - 绝对免赔率)$$

因保险事故造成第三者财产损失的,对于损失后的残余部分,由保险人与被保险人协商处理。如折归被保险人,由双方协商确定其价值,并在赔款中扣除。

挂车投保后与主车视为一体。发生保险事故时,挂车引起的赔偿责任视同主车引起的赔偿责任。挂车赔偿责任与主车赔偿责任所负赔偿金额之和,以主车赔偿限额为限。

主车、挂车在不同保险公司投保的,保险人按照保险单上载明的第三者责任险赔偿限额比例分摊赔款。

五、赔款理算案例

【案例一:双方事故,车辆部分损失,主要责任,未超限额,单方赔付】

A车于2007年8月7日投保了交强险和5万元第三者责任险,2007年9月5日A车与B车发生碰撞事故,造成对方车损13 000元。经交警裁定,A车负70%的责任,B车负30%的责任,请计算A车的第三者责任险赔款。

交强险赔款:B车损失13 000元,已经超出交强险财产损失赔偿限额2 000元,交强险按2 000元赔付。

A车事故责任比例为70%,事故责任免赔率为15%。

A车按事故责任比例应负赔偿金额 = (13 000 - 2 000) × 70% = 7 700(元)

第三者责任险赔款 = A 车按事故责任比例应负赔偿金额 × (1 − 免赔率之和)

$$= 7\,700 \times (1 - 15\%)$$
$$= 6\,545(元)$$

【案例二：双方事故，车辆部分损失，主要责任，未超限额，双方赔付】

在甲保险公司投保第三者责任险的主车（责任限额 20 万元）与在乙保险公司投保第三者责任险的挂车（责任限额为 5 万元）连接时发生事故，驾驶员负事故的主要责任，造成第三者损失 20 万元。请计算甲、乙公司应负的赔偿金额。（不考虑免赔率等问题）

此案例中，被保险人按事故责任比例应负赔偿金额 = 20 × 70% = 14（万元）

甲公司分摊后应负赔偿金额 = 14 × [20 ÷ (20 + 5)] = 11.2（万元）

乙公司分摊后应负赔偿金额 = 14 × [5 ÷ (20 + 5)] = 2.8（万元）

由于两个公司分摊后应负赔偿金额都在各自限额以内，当不考虑免赔率等问题时甲公司应赔付 11.2 万元，乙公司应赔付 2.8 万元。

3.4.4 车上人员责任险的赔款理算

车上人员人身伤亡按法律法规中规定的赔偿范围、项目和标准以及保险合同的约定，在扣除交强险赔偿本车人员部分的基础上计算赔偿，但每人最高赔偿金额不超过保险单载明的每座赔偿限额，最高赔偿人数以投保座位数为限。

一、赔偿处理

被保险机动车发生道路交通事故，根据驾驶人在交通事故中所负责任比例相应承担赔偿责任。

公安机关交通管理部门未确定事故责任比例的，保险人按照下列规定确定事故责任比例：被保险机动车一方负全部事故责任的，事故责任比例不超过 100%；被保险机动车一方负主要事故责任的，事故责任比例不超过 70%；被保险机动车一方负同等事故责任的，事故责任比例不超过 50%；被保险机动车一方负次要事故责任的，事故责任比例不超过 30%；被保险机动车一方无事故责任的，保险人不承担赔偿责任。

投保人在投保时可指定驾驶人或不指定驾驶人，并执行相应的费率。

指定驾驶人的，投保人应如实告知指定驾驶人的相关信息，包括驾驶人姓名、性别、年龄、准驾车型、初次领取驾驶证时间、身份证或其他有效证件号码等。

指定驾驶人的被保险机动车，由非指定驾驶人驾驶被保险机动车发生保险事故，或投保人提供的指定驾驶人的信息不真实的，赔偿时增加 10% 的绝对免赔率。

因保险事故造成车上人员人身伤亡的，未经保险人书面同意，被保险人自行承诺或支付的赔偿金额，保险人有权重新核定。不属于保险人赔偿范围或超出保险人应赔偿金额的，保险人不承担赔偿责任。

二、赔款计算

$$赔款 = \sum 每人赔款$$

（1）当被保险人按事故责任比例应承担的每座车上人员伤亡赔偿金额，扣除了已得到的交强险赔偿本车人员金额，仍未超过保险合同载明的每人责任限额时：

每人赔款 =（应承担的赔偿金额 – 已得到的交强险赔偿金额）×（1 – 免赔率）

（2）当被保险人按事故责任比例应承担的每座车上人员伤亡赔偿金额，扣除了已得到的交强险赔偿本车人员金额，已超过保险合同载明的每人责任限额时：

每人赔款 = 责任限额 ×（1 – 免赔率）

被保险机动车在使用过程中与其他机动车发生碰撞造成本车上人员人身伤亡的，应当由其他机动车的交强险赔偿的金额，保险人先予以扣除，再依据被保险机动车驾驶人在事故中所负责任比例，按照保险合同的规定负责赔偿。

被保险机动车重复投保车上人员责任险的，保险人按照保险合同责任限额与重复保险合同责任限额总和的比例承担赔偿责任。

本条款与被保险人就赔款金额协商确定并赔偿结案后，受害人又就同一事故向被保险人提出赔偿请求的，保险人不负赔偿责任。

被保险人获得赔偿后，保险合同继续有效，直至保险期间届满。

三、免赔率规定

保险人在依据保险合同规定计算赔款的基础上，在保险单载明的责任限额内，按下列免赔率免赔：

（1）负次要事故责任的免赔率为5%；负同等事故责任的免赔率为8%；负主要事故责任的免赔率为10%；负全部事故责任的免赔率为15%。

（2）投保时约定行驶区域，保险事故发生在约定行驶区域以外的，增加免赔率10%。

（3）投保时指定驾驶人，保险事故发生时为非指定驾驶人使用被保险机动车的，增加免赔率10%。

四、赔付理算案例

【双方事故，主要责任】

A车与B车相撞，A车共5座，每座均投保了5万元的车上人员责任险。A车上共有2人，驾驶人甲和乘客乙，甲经过抢救后死亡，乙残疾。甲的死亡补偿费80 000元，抢救费10 000元，乙的残疾赔偿金60 000元，医疗费用10 000元。A车在事故中负70%的责任，计算A车车上人员责任险赔偿金额。

（1）A车车上人员甲通过B车交强险得到的赔款

B车交强险对甲的医疗费用赔款 = 10 000 ×[10 000/(10 000 + 10 000)] = 5 000(元)

B 车交强险对甲的死亡伤残费用赔款 = 110 000 × [80 000/(80 000 + 60 000)] = 62 857.14（元）

甲通过 B 车交强险得到的赔款 = 5 000 + 62 857.1 = 67 857.14（元）

A 车扣除 B 车交强险已赔付甲赔款后按事故责任比例应承担甲的伤亡赔偿金额 = (80 000 + 10 000 − 67 857.14) × 70% = 15 500.00（元）< 5 0000 元

所以，甲得到的车上人员责任险赔款为 15 500 元。

（2）A 车车上人员乙通过 B 车交强险得到的赔款

B 车交强险对乙医疗费用赔款 = 10 000 × [10 000/(10 000 + 10 000)] = 5 000（元）

B 车交强险对乙死亡伤残费用赔款 = 110 000 × [60 000/(80 000 + 60 000)] = 47 142.86（元）

乙通过 B 车交强险得到的赔款 = 5 000 + 47 142.86 = 52 142.86（元）

A 车扣除 B 车交强险已赔付乙赔款后按事故责任比例应承担乙的伤亡赔偿金额 = (60 000 + 10 000 − 52 142.86) × 70% = 12 500.00（元）< 50 000 元

所以，乙得到的车上人员责任险赔款为 12 500 元。

（3）A 车车上人员责任险赔偿金额 = 15 500 + 12 500 = 28 000（元）

实训项目

实训一　交强险单险赔付

任务描述：

在福山区鑫海矿山机械院内，一辆挂式货车在倒车时，由于司机观察不当，挂车尾部与一辆停放在院内的长安轿车相撞，造成长安轿车左前方保险杠松动，左前方翼子板有明显剐蹭痕迹。

经查勘定损人员鉴定，长安轿车的维修费用为 1 300 元，挂式货车货栓弯曲，更换费用为 100 元。请在现场的你为客户解答该案如何赔偿。

实训目的：

能够完成交强险的单险赔付工作。

实训要求：

1. 根据每天的实训内容进行实训总结，即实训报告；
2. 严格按照实训的内容模仿操作，并和保险公司业务员出现场记录每一项操作内容；
3. 出现场时注意交通安全；
4. 严守实训的纪律，吃苦耐劳。

实训的实施方案：

1. 呈现事故现场视频与照片，带领学生进入事故情境，学生以 PICC 车险现场查勘员的身份进入情境；
2. 确定任务：交强险单险赔付；
3. 对事故车辆进行交强险的赔付；
4. 与真实情境下查勘员的实际操作过程进行对比，规范各环节操作。

实训二　汽车三大主险的全责/无责赔付

任务描述：

一辆北汽幻速与一辆雪佛兰赛欧相撞，两车均投保了交强险、第三者责任险、车损险。雪佛兰赛欧在事故中右前方翼子板受损严重，前保险杠右前方受损，右前方悬架变形，刹车盘变形，该车修理费用为3 000元。事故由北汽幻速负全责。请计算雪佛兰赛欧各险种的赔偿金额。

实训目的：

能够完成三大险种的全责赔付工作。

实训要求：

1. 根据每天的实训内容进行实训总结，即实训报告；
2. 严格按照实训的内容模仿操作，并和保险公司业务员出现场记录每一项操作内容；
3. 出现场时注意交通安全；
4. 严守实训的纪律，吃苦耐劳。

实训的实施方案：

1. 呈现事故现场视频与照片，带领学生进入事故情境，学生以PICC车险现场查勘员的身份进入情境；
2. 确定任务：汽车三大主险的全责/无责赔付；
3. 对标的车辆进行交强险、车损险、第三者责任险的赔付；
4. 与真实情境下查勘员的实际操作过程进行对比，规范各环节操作。
5. 现场实操：在情境的事故中，北汽幻速的维修费用为3 500元。请讨论北汽幻速的修车款的来源组成，及各险种的赔偿金额。

实训三　汽车三大主险的同责赔付

任务描述：

一辆北汽幻速与一辆雪佛兰赛欧相撞，两车均投保了交强险、第三者责任险、车损险。雪佛兰赛欧在事故中右前方翼子板受损严重，前保险杠右前方受损，右前方悬架变形，刹车盘变形，该车修理费用为3000元。事故中，双方车辆同责。请计算各险种的赔偿金额。

实训目的：

能够完成三大险种的同责赔付工作。

实训要求：

1. 根据每天的实训内容进行实训总结，即实训报告。
2. 严格按照实训的内容模仿操作，并和保险公司业务员出现场记录每一项操作内容。
3. 出现场时注意交通安全。
4. 严守实训的纪律，吃苦耐劳。

实训的实施方案：

1. 呈现事故现场视频与照片，带领学生进入事故情境，学生以PICC车险现场查勘员的身份进入情境；

2. 确定任务：汽车三大主险的全责/无责赔付；

3. 对标的车辆进行交强险、车损险、第三者责任险的赔付；

4. 与真实情境下查勘员的实际操作过程进行对比，规范各环节操作；

5. 现场实操：在情境的事故中，北汽幻速的维修费用为 3 500 元。请讨论北汽幻速的修车款的来源组成，及各险种的赔偿金额。

实训四　汽车三大主险的主责/次责赔付

任务描述：

一辆北汽幻速与一辆雪佛兰赛欧相撞，两车均投保了交强险、第三者责任险、车损险。雪佛兰赛欧在事故中右前方翼子板受损严重，前保险杠右前方受损，右前方悬架变形，刹车盘变形，该车修理费用为 3 000 元。事故中，北汽幻速与雪佛兰赛欧的责任比例为 3∶7。请计算各险种的赔偿金额。

实训目的：

能够完成三大险种的主责/次责赔付工作。

实训要求：

1. 根据每天的实训内容进行实训总结，即实训报告；

2. 严格按照实训的内容模仿操作，并和保险公司业务员出现场记录每一项操作内容；

3. 出现场时注意交通安全；

4. 严守实训的纪律，吃苦耐劳。

实训的实施方案：

1. 呈现事故现场视频与照片，带领学生进入事故情境，学生以 PICC 车险现场查勘员的身份进入情境；

2. 确定任务：汽车三大主险的主责/次责赔付；

3. 对标的车辆进行交强险、车损险、第三者责任险的赔付；

4. 与真实情境下查勘员的实际操作过程进行对比，规范各环节操作；

5. 现场实操：在情境的事故中，北汽幻速的维修费用为 3 500 元。请讨论北汽幻速的修车款的来源组成，及各险种的赔偿金额。

单元五　赔付结案

单元要点

1. 索赔；
2. 缮制赔款计算书；
3. 结案归档。

相关知识

3.5.1　索赔

一、索赔流程

被保险机动车出险后，被保险人应及时向保险公司报案索赔。索赔流程如图3-14所示。

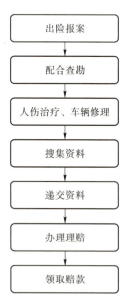

图3-14　索赔流程

（1）出险报案。《保险法》规定"投保人、被保险人或者受益人知道保险事故发生后，当及时通知保险人"，因此，发生事故后，被保险人应当及时通知保险公司，否则造成损失，无法确定或扩大损失部分，保险公司不予赔偿。

①报案期限。在事故发生后48小时内报案。现在一般发生事故后直接电告保险公司报案。故意或因重大过失未及时通知，致使保险事故的性质、原因、损失程度等难以确定的，保险公司对无法确定的部分不承担赔偿责任。

②外地出险报案。在外地出险的，可向保险公司在当地的分支机构报案，并在48小时内通知保险公司。在当地的公司查勘后，再回到投保的所在地向承保公司申请索赔。

（2）配合查勘。发生保险事故后，被保险人应当提供事故发生的有关情况，积极协助保险人进行现场查勘，保证保险人及时、准确地查明事故原因，核定损失的程度和损失的大致金额。

（3）人伤治疗、车辆修理。在确定事故损失后，保险人可以进行车辆的修理,修理前被保险人应当会同保险人检验,协商确定修理项目、方式和费用,否则,保险人有权重新核定。无法重新核定的,保险人有权拒绝赔偿。

(4)搜集资料。被保险人索赔时,应当向保险人提供与确认保险事故的性质、原因、损失程度等有关的证明材料。

(5)递交资料。被保险人索赔时,向保险人递交有关索赔资料,保险人应当对索赔资料迅速审查核定,并将核定结果及时通知被保险人。

(6)办理理赔。保险人接受索赔后,应当迅速进行理赔处理。

(7)领取赔款。当保险人确定了赔偿金额后,应通知被保险人领取赔款。对于属于保险责任的,保险人应当与被保险人达成协议后十日内支付赔款;对于不属于保险责任的,保险人应当从做出核定之日起,三日内向被保险人发出拒绝赔偿通知书,说明理由。

二、索赔资料

被保险人进行索赔时,需要提供与保险事故有关的资料,一般分四类:标的证明、事故证明、损失证明、索赔申请。根据案件的不同,所提供的资料也有所不同。

1. 基本索赔资料。

基本索赔资料是常规的车险各类事故中通用的资料,见表3-4。

表3-4 基本索赔资料

序号	基本索赔资料	备注
1	机动车保险索赔申请书	通用
2	保险单正本复印件	通用
3	机动车行驶证正副本复印件	通用
4	机动车驾驶证正副本复印件	通用
5	营运证、特种车辆操作证	通用
6	交警责任认定书	经交警处理的交通事故
7	交警赔偿调解书(或第三方调解书)	经交警调解的交通事故
8	法院民事判决书(民事调解书)	经法院判决、调解的事故
9	仲裁委员会仲裁书	经仲裁的事故
10	当事人自行协商赔偿协议	当事人自行商议的交通事故
11	火灾证明	因火灾造成的损失
12	自然灾害证明	因自然灾害造成的损失

2. 车辆损失索赔资料。

车辆损失索赔资料是发生事故导致车辆(包括标的车辆和第三者的车辆)遭受损失,索赔时需要提供的资料,见表3-5。

表 3-5　车辆损失索赔资料

序号	车辆损失索赔资料	备注
1	机动车保险事故损失项目确认书	通用
2	汽车修理发票	通用
3	机动车保险一次性定损自行修车协议	当采用一次定损确定损失时
4	修复车辆验收通知单	当所维修的车辆需要验收时
5	第三者财产损失证明及赔偿凭证	第三者的车辆发生损失的事故
6	物运单及价格、数量凭证	需要赔偿货物损失的事故
7	事故车辆施救费赔偿凭证	事故车辆需要施救的事故

3. 人员伤亡索赔资料。

人员伤亡索赔资料是指交通事故中出现人员伤亡的情况，这部分的损失需要保险公司赔偿，索赔时需提供的资料，见表 3-6。

表 3-6　人员伤亡索赔资料

序号	人员伤亡索赔资料	备注
1	医院诊断证明	人员在门诊治疗时
2	医疗费凭证	通用
3	病例	通用
4	诊疗及药品清单	通用
5	伤亡人员单位误工证明	索赔误工费时（单位开具）
6	伤亡人员医院误工证明	索赔误工费时（医院开具）
7	护理证明	伤员需要护理时
8	护理人员误工及收入证明	索赔护理人员的误工费时
9	后续医疗证明	受伤人员需要后续治疗时
10	住院伙食补助费凭证	索赔住院伙食补助费时
11	营养费凭证	索赔营养费时
12	交通费凭证	索赔交通费时
13	住宿费凭证	索赔住宿费时
14	交通事故伤残鉴定	发生伤残，进行鉴定的事故
15	残疾辅助器具证明	索赔残疾辅助器具费用时
16	死者户籍注销证明	发生死亡的事故
17	丧葬费凭证	索赔丧葬费时
18	被抚养人户籍关系证明	索赔抚养费时
19	被抚养人丧失劳动能力证明	索赔抚养费时

4. 财物损失索赔资料。

财物损失索赔资料是指发生车辆以外的财物损失，索赔时需提供的索赔资料，见表 3-7。

表 3-7 财物损失索赔资料

序号	财物损失索赔资料	备注
1	机动车保险第三者财产保险损失证明	需要赔偿第三者财产损失时
2	机动车保险第三者财产保险赔偿证明	需要赔偿第三者财产损失时
3	货物运单及价格、数量凭证	索赔货物损失时
4	损失物资回收单	有损失的物资需要回收时
5	第三者财物施救费赔偿凭证	索赔第三者财物施救费时

5. 全车盗抢险索赔资料。

全车盗抢险索赔资料是指发生全车盗抢险索赔时所需要提供的资料，见表 3-8。

表 3-8 全车盗抢险索赔资料

序号	盗抢险索赔资料	备注
1	被保险机动车盗抢案件立（破）案证明	通用
2	报警回执	通用
3	车辆报停或注销证明	通用
4	车辆来历证明或购车发票原件	通用
5	购置附加税凭证	通用
6	登载车辆被盗抢声明的报纸	通用
7	权益转让书	通用
8	机动车登记证原件	通用
9	被保险人身份证或营业执照复印件	通用

三、赔案缮制流程

缮制是理赔人员依据被保险人在出险过程中承担的责任按照投保条款的保险责任计算理赔金额的过程。在确认保险事故的损失后，被保险人向保险人提供相关资料，对损失进行索赔。保险人接受被保险人的索赔申请后，应对被保险人递交的索赔资料进行审核和赔案缮制。赔案缮制流程如图 3-15 所示。

（1）搜集被保险人的索赔单证。在接受被保险人的索赔资料时，理赔人员应仔细审核，资料不齐全的应告知被保险人补全。

（2）审核保险责任。理赔人员对于被保险人的索赔要求，依据保险合同进行审核，明确被保险人的索赔要求是否属于保险责任的赔付范围。对于不属于保险责任范围的，明

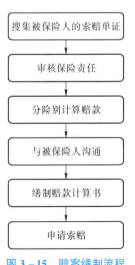

图 3-15 赔案缮制流程

确告知被保险人原因，解释清楚。

（3）分险别计算赔款。理赔人员对属于保险责任的损失，应区分属于何种险种的赔付责任，计算每个险种的赔款。

（4）与被保险人沟通。保险赔款计算最终完成后，应告知被保险人，与其沟通，对其有疑问的地方进行解释。

（5）缮制赔款计算书。缮制各险种赔款计算书，并签章。

（6）申请索赔。赔案缮制完成后，需要及时提交赔案，申请索赔。

3.5.2 赔款理算

赔款理算是理赔人员根据被保险人提供的经审核无误的有关费用单证，根据保险条款、事故证明等确定保险责任及赔偿比例，计算汽车保险赔款、缮制赔款计算书。赔款理算的流程如图3-16所示。

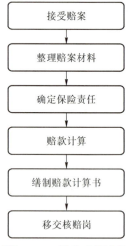

图3-16 赔款理算流程

（1）接受赔案。在接受待理算的赔案时，应对赔案资料进行清点，并核对签名、签章是否齐全有效。主要审核下列单证：抄单、批单；车损、物损损失确认书；伤亡人员费用核损结果；现场查勘记录、事故责任证明；事故现场照片，车损、物损照片；被保险人签名确认的书面索赔申请、报案记录；其他相关证明、票据等。如索赔资料完整无误，应在"索赔资料回执单"上进行登记，由双方签字确认；对资料不完整者，应及时要求补全。

（2）整理赔案资料。理赔人员对接收的资料审核完成后，指导上交人员对赔案材料按规范要求进行粘贴整理。

（3）确定保险责任。审阅事故责任证明、现场查勘记录、报案记录等，了解出险原因及经过，根据投保情况对照保险条款确定保险责任。核实是否足额投保，不足额的按比例分摊；核实施救费用是否涉及比例分摊；确定免赔率或免赔额度。

（4）赔款计算。根据各项损失确认书确定的损失金额、事故责任比例等计算赔款。

（5）缮制赔款计算书。对赔款计算复核无误后，缮制赔款计算书。

（6）移交核赔岗。理算工作完成后，重新整理赔案资料，填写赔案流转表，将赔案资料移交核赔岗。

3.5.3 缮制赔款计算书

在赔款计算核对无误后，可缮制赔款计算书，计算书必须有理赔人员签章。

缮制人员对赔款的理算，可以直接在理赔系统中的缮制平台处理，缮制人员根据案件的损失情况直接在平台上录入损失金额、责任比例、各种免赔信息等相关因素，系统将自动计算，生成赔款计算书，很快即得出赔款金额。缮制赔款计算书的流程如下：

1. 拟订任务、实施计划。

理赔人员按照缮制赔案流程开展工作。

2. 接受并审核索赔资料。

理赔人员应当热情接受咨询，接待客户，接受车险索赔资料，保证车险理赔案件资料的正确流转。

（1）接受被保险人索赔资料时，要逐一审核，仔细查看每一张单证、每一页数字、每一个印章。单证要求齐全有效。

（2）对被保险人提交的索赔单证不完整的，暂不受理，详细告知补充资料，一次完成。

（3）填写机动车辆索赔材料交接单，核定异议。

（4）简单计算赔付金额并告知被保险人，必要时让被保险人签署确认书。向被保险人说明理算基础，解释保单时条例清楚。

（5）不予以赔付的项目应同时告知被保险人，简洁明了、条例清楚，或书面告知，不要延迟。

3. 确定保险责任。

（1）被保险人将索赔单证交齐后，理赔人员应仔细审核，确定保险责任，对于被保险人要求赔偿的损失，判断是否在其投保的险种保障范围内，如不属于，及时通知被保险人。

（2）对照事故的损失类型，判断各损失属于何种险种的保险责任，应当在哪个险种赔偿。

（3）核对损失金额，对于超出相应险种的责任限额的损失，应明确说明保险公司赔付金额以责任限额为限，超出部分由被保险人自己承担。核对无误，正确录入信息。

（4）核对保单承保范围，主要有：免赔率、免赔额扣除、责任限额、折旧、重复比例分摊等。

4. 计算赔款。

（1）各项损失项目的损失金额。

（2）保险金额。

（3）事故责任比例。

（4）事故责任免赔率。

（5）绝对免赔率。

（6）规定的免赔率。

（7）残值。

5. 核对理算项目。

（1）理算单价。

（2）费用估算。

（3）折旧，依照条款约定的折旧率表执行。

（4）对于拖车费、停车费、吊装费及损坏路面、草坪、苗木等的赔偿标准，按照财政局、物价局的规定执行。

（5）追偿款及追偿费用的处理。在系统结案前，追偿款收入及追偿费支出可以在该赔偿案项下缮制赔款计算书中直接做抵销处理。

6. 缮制赔款计算书。

在赔款核对无误后，可缮制赔款计算书。

3.5.4 结案归档

理赔案卷按分级审批、分级留存的原则管理，并按档案管理规定进行保管，一单一卷。应做到单证齐全，编排有序，目录清楚，装订整齐，并按结案号顺序归档。能够实现赔案单证电子化流转、存储的，电子单证可不打印，非电子单证应按赔案号顺序集中归档保管。

目前保险公司鼓励和支持各省级分公司积极开展理赔单证电子化工作，充分借助车险理赔系统的功能，在确保电子化单证存储安全、影像清晰、查阅便利的前提下最大限度地减少案卷中传统纸质材料的归档保管，有效提高理赔效率，减少相关理赔费用支出。理赔电子化单证管理的具体办法和实施细则由各省级分公司根据总公司相关要求制定后报总公司备案。

理赔案卷归档主要包括清分单证、案卷的整理与装订、案卷的登记与保管、案卷借阅等，如图3-17所示。

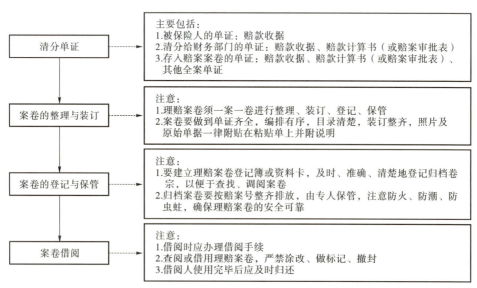

图3-17　理赔案卷归档工作流程

1. 逐笔审核已结赔案资料的完整性。

（1）出险通知书或索赔申请书。

(2) 查勘报告。

(3) 交通事故责任认定书（或事故证明）。

(4) 保险单抄件。

(5) 交通事故损害赔偿调解书。

(6) 第三者的赔偿收据及损失清单。

(7) 修车发票。

(8) 施救费票据。

(9) 行驶证复印件。

(10) 驾驶证复印件。

(11) 被保险人的营业执照或身份证复印件。

(12) 医疗费收据等。

(13) 赔案需要的其他材料，如伤病诊断证明、病历、医疗费用单据、交通事故评残证明、抚养证明、赡养证明、死亡证明、误工证明或护理证明、车辆购置附加费原件、购车发票原件、被盗车钥匙、盗抢车辆未侦破证明、养路费停缴证明、车辆丢失登报证明、机动车登记证书原件、停车场发票、权益转让书、盗抢车辆封档证明、火灾证明、暴风或暴雨等证明。

(14) 发票页需在本页空白处标明发票名目、张数、总金额。如多张发票可盖骑缝章。

(15) 保险公司对案卷进行审核后如无问题须在目录页下方签字确认。

(16) 不符合要求的予以退回并限期补齐材料重新归档。

2. 按要求收集、整理、编写卷内目录。

对新的档案记录编件号、档案号，分配档案盒号，编号规则由总公司统一编制。

3. 归档移交。

(1) 移交档案时所有应归档的案卷材料，均须经交接双方当面清点、核对。

(2) 交接完毕，交接双方和监交人在移交清册上注明页数以及需要说明的问题和意见，并在赔案接收表上共同签字确认。移交清册应填写一式两份，交接双方各执一份。

4. 档案调阅。

(1) 保险公司内部调档及业务调档，须填写调档登记表，报经分公司总经理室审批后，予以调档。

(2) 阅档必须在阅档室进行，各类档案资料一律不得带出室外。阅档人员不得对借阅的档案资料涂改、污损、撕毁和私自摘抄，更不得拆卷抽取原件。

(3) 如需摘抄、复制档案内容的，须经分公司总经理室批准后进行。复印档案资料，由管理人员负责押档前往，不得交与他人自行处理，摘抄复制的档案内容须经档案管理人员复核加盖审核章后生效。

(4) 因工作需要借调档案的，须填写档案借阅单，经分公司总经理室审批后方能借出。档案管理人员必须对所借出的档案进行件数、内容等情况的登记，履行借阅签字手续。

(5) 借出的档案必须按时归还（最长实效为一个月）。档案室管理人员要当面清查无误后再注销登记。如发现损毁、遗失、私自改动等情况，要当即追查，及时处理。

5. 档案保存。

（1）每季度检视档案，做好档案的防盗、防火、防尘、防霉、防鼠、防虫、防光等工作，确保档案材料完整无缺和安全，做好各种设备的维修和使用。

（2）对保管期满经鉴定无保存价值的档案及时进行登记和销毁，并及时进行档案统计工作。

实训一　赔案审核

任务描述：

2013年3月19日16时，下暴雨，小王开着一辆奥迪车在福山区河滨路由东往西方向行驶至福山医院路段，由于驾驶操作不慎，车身左侧同路中央的路肩发生碰撞，造成奥迪车部分损坏及路肩损坏和车上一乘客受伤的道路交通事故。小王未按操作规范安全驾驶，负事故的全部责任。小王于2012年8月19日在保险公司投保了车损险、第三者责任险50万元、车上人员责任险和不计免赔险等险种。

理算平台收到已核损通过案件，对赔款进行理算。核赔平台收到理算平台发来的案件，进行审核。

实训内容：

1. 能够掌握核赔内容及其流程，并对赔案的各项内容进行核赔；
2. 能够发现问题并及时与理赔各环节负责人以及相关的核保、业务部门进行沟通，规避风险，提出建议；
3. 能够对所有的特殊赔案、垫付赔案、预付赔案等进行认真审核并给出意见；
4. 能够参与各项理赔赔付标准的制定；
5. 能够对各岗位流程和工作质量进行监督指导。

实训要求：

1. 根据每天的实训内容进行实训总结，即实训报告；
2. 严格按照实训的内容模仿操作；
3. 严守实训的纪律，吃苦耐劳。

实训的实施方案：

1. 根据情境案例的相关信息，引导学生进入事故情境，学生以PICC车险理赔人员的身份进入情境；
2. 确定任务：赔案审核；
3. 保险标的的出险原因、损失情况，审核、确定保险责任，核定损失，审核赔款；
4. 与真实情境下理赔人员的实际操作过程进行对比，规范各环节操作；
5. 现场实操：根据事故情境，利用多媒体（机房）的车险业务综合实训系统，打开核赔平台界面，审核案件的相关信息。

实训二　支付赔款
任务描述：

2013年3月19日16时，下暴雨，小王开着一辆奥迪在福山区河滨路由东往西方向行驶至福山医院路段，由于驾驶操作不慎，车身左侧同路中央的路肩发生碰撞，造成奥迪车部分损坏及路肩损坏和车上一乘客受伤的道路交通事故。小王未按操作规范安全驾驶，负事故的全部责任。小王于2012年8月19日在保险公司投保了车损险、第三者责任险50万元、车上人员责任险和不计免赔险等险种。

支付平台收到核算系统信息，审核客户支付信息的真实性，完成赔款的支付。

实训内容：

1. 收集客户资料、与客户沟通；

2. 赔案系统中赔案信息的填写和提交，核算业务系统传输过来的客户支付账户信息的真实性；

3. 将相关纸质材料传递至机构财务审核（纸质材料包含权益转让书、赔款计算书、授权委托书、客户有效证件等要件），各理赔人员必须保证所有资料均收集齐全后方在赔案系统中提交；

4. 对驳回的赔案应在驳回之日起时效（24小时）内更正或补入信息后进行再次提交；

5. 对退票的赔案应在驳回之日起时效（3天）内更正或补入信息后进行再次提交。

实训要求：

1. 根据每天的实训内容进行实训总结，即实训报告；

2. 严格按照实训的内容模仿操作；

3. 严守实训的纪律，吃苦耐劳。

实训的实施方案：

1. 根据情境案例的相关信息，引导学生进入事故情境，学生以PICC车险理赔人员的身份进入情境；

2. 确定任务：支付赔款；

3. 通知被保险人领取赔款、支付赔款等；

4. 与真实情境下理赔人员的实际操作过程进行对比，规范各环节操作。

5. 现场实操：根据事故情境，利用多媒体（机房）的车险业务综合实训系统，打开结案平台界面，审核案件的相关信息并支付赔款。

实训三　结案归档
任务描述：

2013年3月19日16时，下暴雨，小王开着一辆奥迪在福山区河滨路由东往西方向行驶至福山医院路段，由于驾驶操作不慎，车身左侧同路中央的路肩发生碰撞，造成奥迪车部分损坏及路肩损坏和车上一乘客受伤的道路交通事故。小王未按操作规范安全驾驶，负事故的全部责任。小王于2012年8月19日在保险公司投保了车损险、第三者责任险50万元、车上人员责任险和不计免赔险等险种。

针对本案件已完成支付赔款，结案后整理案件所有材料并分类归档。

实训内容：

1. 逐笔审核预归档已决赔案资料的完整性；
2. 按要求收集、整理、编写卷内目录；对新的档案记录编件号、档案号，分配档案盒号；
3. 对通过审核并编写好规定内容的赔案归档；
4. 按公司要求管理档案调阅；
5. 定期检视档案，做好防霉、防蛀、防潮工作；
6. 根据要求向上级机构移交档案；
7. 严格保密制度，遵守保密纪律，对密级档案内容不泄露、不失密，确保档案的安全。

实训要求：

1. 根据每天的实训内容进行实训总结，即实训报告；
2. 严格按照实训的内容模仿操作；
3. 严守实训的纪律，吃苦耐劳。

实训的实施方案：

1. 根据情境案例的相关信息，引导学生进入事故情境，学生以 PICC 车险理赔人员的身份进入情境；
2. 确定任务：结案归档；
3. 案卷的单证清分和案卷管理、案卷借阅等；
4. 与真实情境下理赔人员的实际操作过程进行对比，规范各环节操作；
5. 现场实操：利用案卷归档流程和操作规范，完成事故情境相关资料的整理与装订、登记与保管等工作。

  练习思考题

一、判断题

1. 在进行被保险机动车信息确认的时候，不需要确认下列哪些信息？（   ）
   A. 车辆基本信息　　　　　　　　B. 车辆行驶里程
   C. 发动机号及车架号　　　　　　D. 客户理赔历史
2. 我方标的车辆奥迪 A4 与事故另一方车辆宝马发生碰撞，奥迪车损 1 800 元，宝马车损 3 000 元，交警判定奥迪全责，请问我方车辆交强险应赔偿宝马车损失多少元？（   ）
   A. 3 000 元　　　B. 2 000 元　　　C. 1 800 元　　　D. 0 元
3. 对于上一个年度发生有责任的道路交通死亡事故的车辆，交强险的浮动比率为（   ）
   A. 上浮 15%　　　B. 上浮 20%　　　C. 上浮 25%　　　D. 上浮 30%
4. 张女士驾驶一辆宝马 X6，在行驶中与其丈夫驾驶的奥迪 A8（车主为张女士）发生追尾，交警判定宝马 X6 全责，宝马车损 2 500 元，奥迪车损 3 500 元，宝马 X6 为我方标的车辆。请问我方保险公司应赔偿奥迪 A8 多少元？（   ）

A. 0 元　　　　　B. 2 000 元　　　　C. 3 500 元　　　　D. 5 500 元

5. 下面哪个不是第三者责任险的保险金额？（　　）

A. 50 000 元　　　B. 150 000 元　　　C. 500 000 元　　　D. 800 000 元

6. 以下哪种情况造成的车辆损失不属于车损险责任范围？（　　）

A. 地震　　　　　B. 火灾　　　　　C. 泥石流　　　　D. 台风

7. 下列哪种情况不属于全车盗抢险保险责任？（　　）

A. 被保险机动车被盗后追回，发现仅车上 CD 设备（原车装配）丢失

B. 因受他人诈骗但造成全车丢失

C. 被保险机动车被盗后追回，但车上部分零部件需要修复

D. 被保险机动车被抢劫后发生碰撞起火

8. 赵先生 2017 年 7 月为自己的一辆刚刚购买的新车购置了全车盗抢险，保险金额为新车车价 159 800 元，但没有购买不计免赔险。2017 年 9 月该车被盗，当时车上放有价值 10 000 元笔记本电脑一台。赵先生在发现该车被盗后立即报当地公安刑侦部门立案。2017 年 10 月在河中发现被盗车辆，打捞后保险公司推定车辆全损，其车上笔记本电脑未找到。请问该保险公司应如何理赔？（　　）

A. 不理赔　　　　　　　　　　　B. 理赔全车 ×80%

C. 理赔全车　　　　　　　　　　D. 理赔全车 + 笔记本

9. 下面哪种情况属于玻璃单独破碎险的责任范围？（　　）

A. 粘贴车辆交强险及年检标志处玻璃破损　B. 左后车窗单独破损

C. 天窗破损　　　　　　　　　　D. 玻璃贴膜破损

10. 下面哪种情况属于划痕险的责任范围？（　　）

A. 被保险人及其家庭成员、驾驶员及其家庭成员的故意行为造成的损失

B. 他人因与被保险人或其家庭成员发生民事、经济纠纷造成被保险机动车的损失

C. 汽车车身受到尖锐物体的剐蹭造成的车漆破坏

D. 由碰撞造成的划痕

11. 下面哪个险种的不计免赔险的保险费率不是 15%？（　　）

A. 全车盗抢险　　B. 第三者责任险　　C. 车损险　　　　D. 划痕险

12. 被保险机动车与其他车辆发生交通事故时，被保险机动车与对方交强险的关系不正确的是（　　）。

A. 交强险优先赔付

B. 由交强险理赔过的损失，车上人员责任险不重复理赔

C. 未投保车上人员责任险的，交强险不予理赔

D. 车上人员责任险与交强险互相独立

13. （多选）下列关于塑料件修与换的说法不正确的是（　　）。

A. 修理有难度，厂家不愿意修理的应考虑更换

B. 应力集中部位，如车尾门铰链、撑杆锁机处，应考虑以更换为主

C. 基础零件，并且尺寸较大，受损以划痕、撕裂、擦伤或穿孔为主，这些零件拆装

麻烦、更换成本高或无现货供应，应以考虑修理为主

D. 表面无漆面、不能使用黏结法修理的，且表面美观要求较高的塑料零件，一般来说，由于修理处会留下明显的痕迹，应考虑更换

14. 被保险人或者受益人在未发生保险事故的情况下，谎称发生了保险事故，向保险人提出赔偿或者给付保险金请求的，保险人有权（　　）。

A. 不承担赔偿或者给付保险金的责任，并不退还保险费

B. 解除保险合同，并退还保险费

C. 解除保险合同，并不退还保险费

D. 不承担赔偿或者给付保险金的责任

15. 有关第三者财产损失确定的描述不正确的是（　　）。

A. 对于交通事故造成财产损失应赔偿直接损失，其赔偿办法是修复或者折价赔偿

B. 被保险机动车发生意外事故，直接造成事故现场他人现有财产的实际损毁，保险人依据保险合同的规定予以赔偿

C. 对于第三者财产损失的定损因其涉及范围较大，定损标准、技术以及掌握的尺度相对机动车来讲要难得多

D. 对于第三方财产损毁的赔偿方面以第三方的要求为准，甚至包括间接损失以及处罚性质的赔偿

16. 交强险医疗费用无责任赔偿限额为（　　）。

A. 每次事故 10 000 元　　　　　　B. 每次事故 1 000 元

C. 保险期间累计 10 000 元　　　　D. 保险期间累计 1 000 元

二、判断题

1. 在向客户核实案件过程中，要核实客户是否报案，以及案件发生的详细地址，确保案件在你辖区之内。（　　）

2. 双方车辆存在轻微的剐蹭等事故，产生的维修费用较低（通常≤300 元），但对来年保险费有较大影响（可能≥300 元）。（　　）

3. 查勘员只能判定全责/无责，如追尾正常行驶的前车、转弯未避让直行车辆等情况，而不能判定主次责、同责。（　　）

4. 当事故中有人伤时，即便责任明确，也务必报交警分责。（　　）

5. 为证明查勘员在当天对案件进行了查勘取证，查勘员应与事故现场进行合影。（　　）

6. 在对车辆受损部位拍特写的过程中，不能用手触碰受损部位，避免零件剥落造成二次损伤。（　　）

7. 作为查勘定损人员，我们要为客户介绍车辆送修的优点，从客户角度建议车辆送修，而不能强行指定修车地点。（　　）

8 当现场有人伤情况发生时，如果伤情较轻，也可以采用现场定损直赔的方式处理案件。（　　）

9. 现场定损直赔的快捷主要在于将当事双方的赔付关系转化为我方标的车辆与保险公司的赔付关系。（　　）

10. 为了缓解客户的焦虑情绪,最好与客户沟通你具体到达现场的时间段,最大限度地安抚客户。(   )

三、简答题

1. 简述汽车保险理赔的含义、特点,汽车保险理赔应遵循的原则。
2. 图示汽车保险理赔的业务流程。
3. 汽车理赔过程中接受报案的主要工作内容有哪些?
4. 简述查勘员接案致电客户的步骤。
5. 名词解释:(1)原始现场;(2)变动现场。
6. 汽车理赔中查勘的主要内容有哪些?
7. 汽车保险事故现场有哪些类型?造成现场变动的原因有哪些?
8. 现场拍摄时有哪些注意事项?
9. 现场拍照应遵循哪些原则?
10. 在何种情况下可以立案?
11. 汽车定损价格虚高,保险公司核损不通过,造成这种情况的原因是什么?
12. 在汽修厂要价过高,谈判未果的情况下,作为定损人员需要采取哪些措施?
13. 简述事故车辆修复完成验收的程序。

四、计算分析题

甲车投保交强险、足额车损险、第三者责任险20万元,乙车投保交强险、足额车损险、第三者责任险30万元。两车相撞,甲车承担70%责任,车损5 000元,乙车承担30%责任,车损3 500元。按条款规定主要责任免赔率为15%,次要责任免赔率为5%,则甲、乙两车能获得多少保险赔款?

附　录

中国保险行业协会机动车综合商业保险示范条款

总　则

第一条　本保险条款分为主险、附加险。

主险包括机动车损失保险、机动车第三者责任保险、机动车车上人员责任保险、机动车全车盗抢保险共四个独立的险种，投保人可以选择投保全部险种，也可以选择投保其中部分险种。保险人依照本保险合同的约定，按照承保险种分别承担保险责任。

附加险不能独立投保。附加险条款与主险条款相抵触之处，以附加险条款为准，附加险条款未尽之处，以主险条款为准。

第二条　本保险合同中的被保险机动车是指在中华人民共和国境内（不含港、澳、台地区）行驶，以动力装置驱动或者牵引，上道路行驶的供人员乘用或者用于运送物品以及进行专项作业的轮式车辆（含挂车）、履带式车辆和其他运载工具，但不包括摩托车、拖拉机、特种车。

第三条　本保险合同中的第三者是指因被保险机动车发生意外事故遭受人身伤亡或者财产损失的人，但不包括被保险机动车本车车上人员、被保险人。

第四条　本保险合同中的车上人员是指发生意外事故的瞬间，在被保险机动车车体内或车体上的人员，包括正在上下车的人员。

第五条　本保险合同中的各方权利和义务，由保险人、投保人遵循公平原则协商确定。保险人、投保人自愿订立本保险合同。

除本保险合同另有约定外，投保人应在保险合同成立时一次交清保险费。保险费未交清前，本保险合同不生效。

第一章　机动车损失保险

保险责任

第六条　保险期间内，被保险人或其允许的驾驶人在使用被保险机动车过程中，因下列原因造成被保险机动车的直接损失，且不属于免除保险人责任的范围，保险人依照本保险合同的约定负责赔偿：

（一）碰撞、倾覆、坠落；

（二）火灾、爆炸；

（三）外界物体坠落、倒塌；

（四）雷击、暴风、暴雨、洪水、龙卷风、冰雹、台风、热带风暴；

（五）地陷、崖崩、滑坡、泥石流、雪崩、冰陷、暴雪、冰凌、沙尘暴；

（六）受到被保险机动车所载货物、车上人员意外撞击；

（七）载运被保险机动车的渡船遭受自然灾害（只限于驾驶人随船的情形）。

第七条 发生保险事故时，被保险人或其允许的驾驶人为防止或者减少被保险机动车的损失所支付的必要的、合理的施救费用，由保险人承担；施救费用数额在被保险机动车损失赔偿金额以外另行计算，最高不超过保险金额的数额。

责任免除

第八条 在上述保险责任范围内，下列情况下，不论任何原因造成被保险机动车的任何损失和费用，保险人均不负责赔偿：

（一）事故发生后，被保险人或其允许的驾驶人故意破坏、伪造现场、毁灭证据；

（二）驾驶人有下列情形之一者：

1. 事故发生后，在未依法采取措施的情况下驾驶被保险机动车或者遗弃被保险机动车离开事故现场；

2. 饮酒、吸食或注射毒品、服用国家管制的精神药品或者麻醉药品；

3. 无驾驶证，驾驶证被依法扣留、暂扣、吊销、注销期间；

4. 驾驶与驾驶证载明的准驾车型不相符合的机动车；

5. 实习期内驾驶公共汽车、营运客车或者执行任务的警车、载有危险物品的机动车或牵引挂车的机动车；

6. 驾驶出租机动车或营业性机动车无交通运输管理部门核发的许可证书或其他必备证书；

7. 学习驾驶时无合法教练员随车指导；

8. 非被保险人允许的驾驶人；

（三）被保险机动车有下列情形之一者：

1. 发生保险事故时被保险机动车行驶证、号牌被注销的，或未按规定检验或检验不合格；

2. 被扣押、收缴、没收、政府征用期间；

3. 在竞赛、测试期间，在营业性场所维修、保养、改装期间；

4. 被保险人或其允许的驾驶人故意或重大过失，导致被保险机动车被利用从事犯罪行为。

第九条 下列原因导致的被保险机动车的损失和费用，保险人不负责赔偿：

（一）地震及其次生灾害；

（二）战争、军事冲突、恐怖活动、暴乱、污染（含放射性污染）、核反应、核辐射；

（三）人工直接供油、高温烘烤、自燃、不明原因火灾；

（四）违反安全装载规定；

（五）被保险机动车被转让、改装、加装或改变使用性质等，被保险人、受让人未及时通知保险人，且因转让、改装、加装或改变使用性质等导致被保险机动车危险程度显著增加；

（六）被保险人或其允许的驾驶人的故意行为。

第十条 下列损失和费用，保险人不负责赔偿：

（一）因市场价格变动造成的贬值、修理后因价值降低引起的减值损失；

（二）自然磨损、朽蚀、腐蚀、故障、本身质量缺陷；

（三）遭受保险责任范围内的损失后，未经必要修理并检验合格继续使用，致使损失扩大的部分；

（四）投保人、被保险人或其允许的驾驶人知道保险事故发生后，故意或者因重大过失未及时通知，致使保险事故的性质、原因、损失程度等难以确定的，保险人对无法确定的部分，不承担赔偿责任，但保险人通过其他途径已经及时知道或者应当及时知道保险事故发生的除外；

（五）因被保险人违反本条款第十六条约定，导致无法确定的损失；

（六）被保险机动车全车被盗窃、被抢劫、被抢夺、下落不明，以及在此期间受到的损坏，或被盗窃、被抢劫、被抢夺未遂受到的损坏，或车上零部件、附属设备丢失；

（七）车轮单独损坏，玻璃单独破碎，无明显碰撞痕迹的车身划痕，以及新增设备的损失；

（八）发动机进水后导致的发动机损坏。

免赔率与免赔额

第十一条 保险人在依据本保险合同约定计算赔款的基础上，按照下列方式免赔：

（一）被保险机动车一方负次要事故责任的，实行5%的事故责任免赔率；负同等事故责任的，实行10%的事故责任免赔率；负主要事故责任的，实行15%的事故责任免赔率；负全部事故责任或单方肇事事故的，实行20%的事故责任免赔率；

（二）被保险机动车的损失应当由第三方负责赔偿，无法找到第三方的，实行30%的绝对免赔率；

（三）违反安全装载规定、但不是事故发生的直接原因的，增加10%的绝对免赔率；

（四）对于投保人与保险人在投保时协商确定绝对免赔额的，本保险在实行免赔率的基础上增加每次事故绝对免赔额。

保险金额

第十二条 保险金额按投保时被保险机动车的实际价值确定。

投保时被保险机动车的实际价值由投保人与保险人根据投保时的新车购置价减去折旧

金额后的价格协商确定或其他市场公允价值协商确定。

折旧金额可根据本保险合同列明的参考折旧系数表确定。

赔偿处理

第十三条 发生保险事故时，被保险人或其允许的驾驶人应当及时采取合理的、必要的施救和保护措施，防止或者减少损失，并在保险事故发生后48小时内通知保险人。被保险人或其允许的驾驶人根据有关法律法规规定选择自行协商方式处理交通事故的，应当立即通知保险人。

第十四条 被保险人或其允许的驾驶人根据有关法律法规规定选择自行协商方式处理交通事故的，应当协助保险人勘验事故各方车辆、核实事故责任，并依照《道路交通事故处理程序规定》签订记录交通事故情况的协议书。

第十五条 被保险人索赔时，应当向保险人提供与确认保险事故的性质、原因、损失程度等有关的证明和资料。

被保险人应当提供保险单、损失清单、有关费用单据、被保险机动车行驶证和发生事故时驾驶人的驾驶证。

属于道路交通事故的，被保险人应当提供公安机关交通管理部门或法院等机构出具的事故证明、有关的法律文书（判决书、调解书、裁定书、裁决书等）及其他证明。被保险人或其允许的驾驶人根据有关法律法规规定选择自行协商方式处理交通事故的，被保险人应当提供依照《道路交通事故处理程序规定》签订记录交通事故情况的协议书。

第十六条 因保险事故损坏的被保险机动车，应当尽量修复。修理前被保险人应当会同保险人检验，协商确定修理项目、方式和费用。对未协商确定的，保险人可以重新核定。

第十七条 被保险机动车遭受损失后的残余部分由保险人、被保险人协商处理。如折归被保险人的，由双方协商确定其价值并在赔款中扣除。

第十八条 因第三方对被保险机动车的损害而造成保险事故，被保险人向第三方索赔的，保险人应积极协助；被保险人也可以直接向本保险人索赔，保险人在保险金额内先行赔付被保险人，并在赔偿金额内代位行使被保险人对第三方请求赔偿的权利。

被保险人已经从第三方取得损害赔偿的，保险人进行赔偿时，相应扣减被保险人从第三方已取得的赔偿金额。

保险人未赔偿之前，被保险人放弃对第三方请求赔偿的权利的，保险人不承担赔偿责任。

被保险人故意或者因重大过失致使保险人不能行使代位请求赔偿的权利的，保险人可以扣减或者要求返还相应的赔款。

保险人向被保险人先行赔付的，保险人向第三方行使代位请求赔偿的权利时，被保险人应当向保险人提供必要的文件和所知道的有关情况。

第十九条 机动车损失赔款按以下方法计算：

（一）全部损失

赔款＝（保险金额－被保险人已从第三方获得的赔偿金额）×（1－事故责任免赔率）×

（1－绝对免赔率之和）－绝对免赔额

（二）部分损失

被保险机动车发生部分损失，保险人按实际修复费用在保险金额内计算赔偿：

赔款＝（实际修复费用－被保险人已从第三方获得的赔偿金额）×（1－事故责任免赔率）×（1－绝对免赔率之和）－绝对免赔额

（三）施救费

施救的财产中，含有本保险合同未保险的财产，应按本保险合同保险财产的实际价值占总施救财产的实际价值比例分摊施救费用。

第二十条 保险人受理报案、现场查勘、核定损失、参与诉讼、进行抗辩、要求被保险人提供证明和资料、向被保险人提供专业建议等行为，均不构成保险人对赔偿责任的承诺。

第二十一条 被保险机动车发生本保险事故，导致全部损失，或一次赔款金额与免赔金额之和（不含施救费）达到保险金额，保险人按本保险合同约定支付赔款后，本保险责任终止，保险人不退还机动车损失保险及其附加险的保险费。

第二章　机动车第三者责任保险

保险责任

第二十二条 保险期间内，被保险人或其允许的驾驶人在使用被保险机动车过程中发生意外事故，致使第三者遭受人身伤亡或财产直接损毁，依法应当对第三者承担的损害赔偿责任，且不属于免除保险人责任的范围，保险人依照本保险合同的约定，对于超过机动车交通事故责任强制保险各分项赔偿限额的部分负责赔偿。

第二十三条 保险人依据被保险机动车一方在事故中所负的事故责任比例，承担相应的赔偿责任。

被保险人或被保险机动车一方根据有关法律法规规定选择自行协商或由公安机关交通管理部门处理事故未确定事故责任比例的，按照下列规定确定事故责任比例：

被保险机动车一方负主要事故责任的，事故责任比例为70%；

被保险机动车一方负同等事故责任的，事故责任比例为50%；

被保险机动车一方负次要事故责任的，事故责任比例为30%。

涉及司法或仲裁程序的，以法院或仲裁机构最终生效的法律文书为准。

责任免除

第二十四条 在上述保险责任范围内，下列情况下，不论任何原因造成的人身伤亡、财产损失和费用，保险人均不负责赔偿：

（一）事故发生后，被保险人或其允许的驾驶人故意破坏、伪造现场、毁灭证据；

（二）驾驶人有下列情形之一者：

1. 事故发生后，在未依法采取措施的情况下驾驶被保险机动车或者遗弃被保险机动车离开事故现场；

2. 饮酒、吸食或注射毒品、服用国家管制的精神药品或者麻醉药品；

3. 无驾驶证，驾驶证被依法扣留、暂扣、吊销、注销期间；

4. 驾驶与驾驶证载明的准驾车型不相符合的机动车；

5. 实习期内驾驶公共汽车、营运客车或者执行任务的警车、载有危险物品的机动车或牵引挂车的机动车；

6. 驾驶出租机动车或营业性机动车无交通运输管理部门核发的许可证书或其他必备证书；

7. 学习驾驶时无合法教练员随车指导；

8. 非被保险人允许的驾驶人；

（三）被保险机动车有下列情形之一者：

1. 发生保险事故时被保险机动车行驶证、号牌被注销的，或未按规定检验或检验不合格；

2. 被扣押、收缴、没收、政府征用期间；

3. 在竞赛、测试期间，在营业性场所维修、保养、改装期间；

4. 全车被盗窃、被抢劫、被抢夺、下落不明期间。

第二十五条　下列原因导致的人身伤亡、财产损失和费用，保险人不负责赔偿：

（一）地震及其次生灾害、战争、军事冲突、恐怖活动、暴乱、污染（含放射性污染）、核反应、核辐射；

（二）第三者、被保险人或其允许的驾驶人的故意行为、犯罪行为，第三者与被保险人或其他致害人恶意串通的行为；

（三）被保险机动车被转让、改装、加装或改变使用性质等，被保险人、受让人未及时通知保险人，且因转让、改装、加装或改变使用性质等导致被保险机动车危险程度显著增加。

第二十六条　下列人身伤亡、财产损失和费用，保险人不负责赔偿：

（一）被保险机动车发生意外事故，致使任何单位或个人停业、停驶、停电、停水、停气、停产、通讯或网络中断、电压变化、数据丢失造成的损失以及其他各种间接损失；

（二）第三者财产因市场价格变动造成的贬值，修理后因价值降低引起的减值损失；

（三）被保险人及其家庭成员、被保险人允许的驾驶人及其家庭成员所有、承租、使用、管理、运输或代管的财产的损失，以及本车上财产的损失；

（四）被保险人、被保险人允许的驾驶人、本车车上人员的人身伤亡；

（五）停车费、保管费、扣车费、罚款、罚金或惩罚性赔款；

（六）超出《道路交通事故受伤人员临床诊疗指南》和国家基本医疗保险同类医疗费用标准的费用部分；

（七）律师费，未经保险人事先书面同意的诉讼费、仲裁费；

（八）投保人、被保险人或其允许的驾驶人知道保险事故发生后，故意或者因重大过失未及时通知，致使保险事故的性质、原因、损失程度等难以确定的，保险人对无法确定的部分，不承担赔偿责任，但保险人通过其他途径已经及时知道或者应当及时知道保险事故发生的除外；

（九）因被保险人违反本条款第三十四条约定，导致无法确定的损失；

（十）精神损害抚慰金；

（十一）应当由机动车交通事故责任强制保险赔偿的损失和费用；

保险事故发生时，被保险机动车未投保机动车交通事故责任强制保险或机动车交通事故责任强制保险合同已经失效的，对于机动车交通事故责任强制保险责任限额以内的损失和费用，保险人不负责赔偿。

免赔率

第二十七条 保险人在依据本保险合同约定计算赔款的基础上，在保险单载明的责任限额内，按照下列方式免赔：

（一）被保险机动车一方负次要事故责任的，实行5%的事故责任免赔率；负同等事故责任的，实行10%的事故责任免赔率；负主要事故责任的，实行15%的事故责任免赔率；负全部事故责任的，实行20%的事故责任免赔率；

（二）违反安全装载规定的，实行10%的绝对免赔率。

责任限额

第二十八条 每次事故的责任限额，由投保人和保险人在签订本保险合同时协商确定。

第二十九条 主车和挂车连接使用时视为一体，发生保险事故时，由主车保险人和挂车保险人按照保险单上载明的机动车第三者责任保险责任限额的比例，在各自的责任限额内承担赔偿责任，但赔偿金额总和以主车的责任限额为限。

赔偿处理

第三十条 发生保险事故时，被保险人或其允许的驾驶人应当及时采取合理的、必要的施救和保护措施，防止或者减少损失，并在保险事故发生后48小时内通知保险人。被保险人或其允许的驾驶人根据有关法律法规规定选择自行协商方式处理交通事故的，应当立即通知保险人。

第三十一条 被保险人或其允许的驾驶人根据有关法律法规规定选择自行协商方式处理交通事故的，应当协助保险人勘验事故各方车辆、核实事故责任，并依照《道路交通事故处理程序规定》签订记录交通事故情况的协议书。

第三十二条 被保险人索赔时，应当向保险人提供与确认保险事故的性质、原因、损失程度等有关的证明和资料。

被保险人应当提供保险单、损失清单、有关费用单据、被保险机动车行驶证和发生事故时驾驶人的驾驶证。

属于道路交通事故的，被保险人应当提供公安机关交通管理部门或法院等机构出具的事故证明、有关的法律文书（判决书、调解书、裁定书、裁决书等）及其他证明。被保险人或其允许的驾驶人根据有关法律法规规定选择自行协商方式处理交通事故的，被保险人应当提供依照《道路交通事故处理程序规定》签订记录交通事故情况的协议书。

第三十三条 保险人对被保险人给第三者造成的损害，可以直接向该第三者赔偿。

被保险人给第三者造成损害，被保险人对第三者应负的赔偿责任确定的，根据被保险人的请求，保险人应当直接向该第三者赔偿。被保险人怠于请求的，第三者有权就其应获赔偿部分直接向保险人请求赔偿。

被保险人给第三者造成损害，被保险人未向该第三者赔偿的，保险人不得向被保险人赔偿。

第三十四条 因保险事故损坏的第三者财产，应当尽量修复。修理前被保险人应当会同保险人检验，协商确定修理项目、方式和费用。对未协商确定的，保险人可以重新核定。

第三十五条 赔款计算

1. 当（依合同约定核定的第三者损失金额－机动车交通事故责任强制保险的分项赔偿限额）×事故责任比例等于或高于每次事故赔偿限额时：

赔款＝每次事故赔偿限额×（1－事故责任免赔率）×（1－绝对免赔率之和）

2. 当（依合同约定核定的第三者损失金额－机动车交通事故责任强制保险的分项赔偿限额）×事故责任比例低于每次事故赔偿限额时：

赔款＝（依合同约定核定的第三者损失金额－机动车交通事故责任强制保险的分项赔偿限额）×事故责任比例×（1－事故责任免赔率）×（1－绝对免赔率之和）

第三十六条 保险人按照《道路交通事故受伤人员临床诊疗指南》和国家基本医疗保险的同类医疗费用标准核定医疗费用的赔偿金额。

未经保险人书面同意，被保险人自行承诺或支付的赔偿金额，保险人有权重新核定。不属于保险人赔偿范围或超出保险人应赔偿金额的，保险人不承担赔偿责任。

第三十七条 保险人受理报案、现场查勘、核定损失、参与诉讼、进行抗辩、要求被保险人提供证明和资料、向被保险人提供专业建议等行为，均不构成保险人对赔偿责任的承诺。

第三章 机动车车上人员责任保险

保险责任

第三十八条 保险期间内，被保险人或其允许的驾驶人在使用被保险机动车过程中发生意外事故，致使车上人员遭受人身伤亡，且不属于免除保险人责任的范围，依法应当对车上人员承担的损害赔偿责任，保险人依照本保险合同的约定负责赔偿。

第三十九条 保险人依据被保险机动车一方在事故中所负的事故责任比例，承担相应的赔偿责任。

被保险人或被保险机动车一方根据有关法律法规规定选择自行协商或由公安机关交通管理部门处理事故未确定事故责任比例的，按照下列规定确定事故责任比例：

被保险机动车一方负主要事故责任的，事故责任比例为70%；

被保险机动车一方负同等事故责任的，事故责任比例为50%；

被保险机动车一方负次要事故责任的,事故责任比例为30%。

涉及司法或仲裁程序的,以法院或仲裁机构最终生效的法律文书为准。

责任免除

第四十条 在上述保险责任范围内,下列情况下,不论任何原因造成的人身伤亡,保险人均不负责赔偿:

(一)事故发生后,被保险人或其允许的驾驶人故意破坏、伪造现场、毁灭证据;

(二)驾驶人有下列情形之一者:

1. 事故发生后,在未依法采取措施的情况下驾驶被保险机动车或者遗弃被保险机动车离开事故现场;

2. 饮酒、吸食或注射毒品、服用国家管制的精神药品或者麻醉药品;

3. 无驾驶证,驾驶证被依法扣留、暂扣、吊销、注销期间;

4. 驾驶与驾驶证载明的准驾车型不相符合的机动车;

5. 实习期内驾驶公共汽车、营运客车或者执行任务的警车、载有危险物品的机动车或牵引挂车的机动车;

6. 驾驶出租机动车或营业性机动车无交通运输管理部门核发的许可证书或其他必备证书;

7. 学习驾驶时无合法教练员随车指导;

8. 非被保险人允许的驾驶人;

(三)被保险机动车有下列情形之一者:

1. 发生保险事故时被保险机动车行驶证、号牌被注销的,或未按规定检验或检验不合格;

2. 被扣押、收缴、没收、政府征用期间;

3. 在竞赛、测试期间,在营业性场所维修、保养、改装期间;

4. 全车被盗窃、被抢劫、被抢夺、下落不明期间。

第四十一条 下列原因导致的人身伤亡,保险人不负责赔偿:

(一)地震及其次生灾害、战争、军事冲突、恐怖活动、暴乱、污染(含放射性污染)、核反应、核辐射;

(二)被保险机动车被转让、改装、加装或改变使用性质等,被保险人、受让人未及时通知保险人,且因转让、改装、加装或改变使用性质等导致被保险机动车危险程度显著增加;

(三)被保险人或驾驶人的故意行为。

第四十二条 下列人身伤亡、损失和费用,保险人不负责赔偿:

(一)被保险人及驾驶人以外的其他车上人员的故意行为造成的自身伤亡;

(二)车上人员因疾病、分娩、自残、斗殴、自杀、犯罪行为造成的自身伤亡;

(三)违法、违章搭乘人员的人身伤亡;

(四)罚款、罚金或惩罚性赔款;

（五）超出《道路交通事故受伤人员临床诊疗指南》和国家基本医疗保险同类医疗费用标准的费用部分；

（六）律师费，未经保险人事先书面同意的诉讼费、仲裁费；

（七）投保人、被保险人或其允许的驾驶人知道保险事故发生后，故意或者因重大过失未及时通知，致使保险事故的性质、原因、损失程度等难以确定的，保险人对无法确定的部分，不承担赔偿责任，但保险人通过其他途径已经及时知道或者应当及时知道保险事故发生的除外；

（八）精神损害抚慰金；

（九）应当由机动车交通事故责任强制保险赔付的损失和费用。

免赔率

第四十三条 保险人在依据本保险合同约定计算赔款的基础上，在保险单载明的责任限额内，按照下列方式免赔：

被保险机动车一方负次要事故责任的，实行5%的事故责任免赔率；负同等事故责任的，实行10%的事故责任免赔率；负主要事故责任的，实行15%的事故责任免赔率；负全部事故责任或单方肇事事故的，实行20%的事故责任免赔率。

责任限额

第四十四条 驾驶人每次事故责任限额和乘客每次事故每人责任限额由投保人和保险人在投保时协商确定。投保乘客座位数按照被保险机动车的核定载客数（驾驶人座位除外）确定。

赔偿处理

第四十五条 发生保险事故时，被保险人或其允许的驾驶人应当及时采取合理的、必要的施救和保护措施，防止或者减少损失，并在保险事故发生后48小时内通知保险人。被保险人或其允许的驾驶人根据有关法律法规规定选择自行协商方式处理交通事故的，应当立即通知保险人。

第四十六条 被保险人或其允许的驾驶人根据有关法律法规规定选择自行协商方式处理交通事故的，应当协助保险人勘验事故各方车辆、核实事故责任，并依照《道路交通事故处理程序规定》签订记录交通事故情况的协议书。

第四十七条 被保险人索赔时，应当向保险人提供与确认保险事故的性质、原因、损失程度等有关的证明和资料。

被保险人应当提供保险单、损失清单、有关费用单据、被保险机动车行驶证和发生事故时驾驶人的驾驶证。

属于道路交通事故的，被保险人应当提供公安机关交通管理部门或法院等机构出具的事故证明、有关的法律文书（判决书、调解书、裁定书、裁决书等）和通过机动车交通事故责任强制保险获得赔偿金额的证明材料。被保险人或其允许的驾驶人根据有关法律法规规定选择自行协商方式处理交通事故的，被保险人应当提供依照《道路交通事故处理程序规定》签订记录交通事故情况的协议书和通过机动车交通事故责任强制保险获得赔偿金额的证明材料。

第四十八条 赔款计算

（一）对每座的受害人，当（依合同约定核定的每座车上人员人身伤亡损失金额 – 应由机动车交通事故责任强制保险赔偿的金额）×事故责任比例高于或等于每次事故每座赔偿限额时：

赔款 = 每次事故每座赔偿限额×（1 – 事故责任免赔率）

（二）对每座的受害人，当（依合同约定核定的每座车上人员人身伤亡损失金额 – 应由机动车交通事故责任强制保险赔偿的金额）×事故责任比例低于每次事故每座赔偿限额时：

赔款 =（依合同约定核定的每座车上人员人身伤亡损失金额 – 应由机动车交通事故责任强制保险赔偿的金额）×事故责任比例×（1 – 事故责任免赔率）

第四十九条 保险人按照《道路交通事故受伤人员临床诊疗指南》和国家基本医疗保险的同类医疗费用标准核定医疗费用的赔偿金额。

未经保险人书面同意，被保险人自行承诺或支付的赔偿金额，保险人有权重新核定。因被保险人原因导致损失金额无法确定的，保险人有权拒绝赔偿。

第五十条 保险人受理报案、现场查勘、核定损失、参与诉讼、进行抗辩、要求被保险人提供证明和资料、向被保险人提供专业建议等行为，均不构成保险人对赔偿责任的承诺。

第四章　机动车全车盗抢保险

保险责任

第五十一条 保险期间内，被保险机动车的下列损失和费用，且不属于免除保险人责任的范围，保险人依照本保险合同的约定负责赔偿：

（一）被保险机动车被盗窃、抢劫、抢夺，经出险当地县级以上公安刑侦部门立案证明，满60天未查明下落的全车损失；

（二）被保险机动车全车被盗窃、抢劫、抢夺后，受到损坏或车上零部件、附属设备丢失需要修复的合理费用；

（三）被保险机动车在被抢劫、抢夺过程中，受到损坏需要修复的合理费用。

责任免除

第五十二条 在上述保险责任范围内，下列情况下，不论任何原因造成被保险机动车的任何损失和费用，保险人均不负责赔偿：

（一）被保险人索赔时未能提供出险当地县级以上公安刑侦部门出具的盗抢立案证明；

（二）驾驶人、被保险人、投保人故意破坏现场、伪造现场、毁灭证据；

（三）被保险机动车被扣押、罚没、查封、政府征用期间；

（四）被保险机动车在竞赛、测试期间，在营业性场所维修、保养、改装期间，被运输期间。

第五十三条 下列损失和费用，保险人不负责赔偿：

（一）地震及其次生灾害导致的损失和费用；

（二）战争、军事冲突、恐怖活动、暴乱导致的损失和费用；

（三）因诈骗引起的任何损失；因投保人、被保险人与他人的民事、经济纠纷导致的任何损失；

（四）被保险人或其允许的驾驶人的故意行为、犯罪行为导致的损失和费用；

（五）非全车遭盗窃，仅车上零部件或附属设备被盗窃或损坏；

（六）新增设备的损失；

（七）遭受保险责任范围内的损失后，未经必要修理并检验合格继续使用，致使损失扩大的部分；

（八）被保险机动车被转让、改装、加装或改变使用性质等，被保险人、受让人未及时通知保险人，且因转让、改装、加装或改变使用性质等导致被保险机动车危险程度显著增加而发生保险事故；

（九）投保人、被保险人或其允许的驾驶人知道保险事故发生后，故意或者因重大过失未及时通知，致使保险事故的性质、原因、损失程度等难以确定的，保险人对无法确定的部分，不承担赔偿责任，但保险人通过其他途径已经及时知道或者应当及时知道保险事故发生的除外；

（十）因被保险人违反本条款第五十八条约定，导致无法确定的损失。

免赔率

第五十四条 保险人在依据本保险合同约定计算赔款的基础上，按照下列方式免赔：

（一）发生全车损失的，绝对免赔率为20%；

（二）发生全车损失，被保险人未能提供《机动车登记证书》、机动车来历凭证的，每缺少一项，增加1%的绝对免赔率。

保险金额

第五十五条 保险金额在投保时被保险机动车的实际价值内协商确定。

投保时被保险机动车的实际价值由投保人与保险人根据投保时的新车购置价减去折旧金额后的价格协商确定或其他市场公允价值协商确定。

折旧金额可根据本保险合同列明的参考折旧系数表确定。

赔偿处理

第五十六条 被保险机动车全车被盗抢的，被保险人知道保险事故发生后，应在24小时内向出险当地公安刑侦部门报案，并通知保险人。

第五十七条 被保险人索赔时，须提供保险单、损失清单、有关费用单据、《机动车登记证书》、机动车来历凭证以及出险当地县级以上公安刑侦部门出具的盗抢立案证明。

第五十八条 因保险事故损坏的被保险机动车，应当尽量修复。修理前被保险人应当会同保险人检验，协商确定修理项目、方式和费用。对未协商确定的，保险人可以重新核定。

第五十九条 保险人按下列方式赔偿：

（一）被保险机动车全车被盗抢的，按以下方法计算赔款：

赔款＝保险金额×（1－绝对免赔率之和）

（二）被保险机动车发生本条款第五十一条第（二）款、第（三）款列明的损失，保险人按实际修复费用在保险金额内计算赔偿。

第六十条 保险人确认索赔单证齐全、有效后，被保险人签具权益转让书，保险人赔付结案。

第六十一条 被保险机动车发生本保险事故，导致全部损失，或一次赔款金额与免赔金额之和达到保险金额，保险人按本保险合同约定支付赔款后，本保险责任终止，保险人不退还机动车全车盗抢保险及其附加险的保险费。

第五章 通用条款

保险期间

第六十二条 除另有约定外，保险期间为一年，以保险单载明的起讫时间为准。

其他事项

第六十三条 保险人按照本保险合同的约定，认为被保险人索赔提供的有关证明和资料不完整的，应当及时一次性通知被保险人补充提供。

第六十四条 保险人收到被保险人的赔偿请求后，应当及时作出核定；情形复杂的，应当在三十日内作出核定。保险人应当将核定结果通知被保险人；对属于保险责任的，在与被保险人达成赔偿协议后十日内，履行赔偿义务。保险合同对赔偿期限另有约定的，保险人应当按照约定履行赔偿义务。

保险人未及时履行前款约定义务的，除支付赔款外，应当赔偿被保险人因此受到的损失。

第六十五条 保险人依照本条款第六十四条的约定作出核定后，对不属于保险责任的，应当自作出核定之日起三日内向被保险人发出拒绝赔偿通知书，并说明理由。

第六十六条 保险人自收到赔偿请求和有关证明、资料之日起六十日内，对其赔偿数额不能确定的，应当根据已有证明和资料可以确定的数额先予支付；保险人最终确定赔偿数额后，应当支付相应的差额。

第六十七条 在保险期间内，被保险机动车转让他人的，受让人承继被保险人的权利和义务。被保险人或者受让人应当及时通知保险人，并及时办理保险合同变更手续。

因被保险机动车转让导致被保险机动车危险程度发生显著变化的，保险人自收到前款约定的通知之日起三十日内，可以相应调整保险费或者解除本保险合同。

第六十八条 保险责任开始前，投保人要求解除本保险合同的，应当向保险人支付应交保险费金额3%的退保手续费，保险人应当退还保险费。

保险责任开始后，投保人要求解除本保险合同的，自通知保险人之日起，本保险合同解除。保险人按日收取自保险责任开始之日起至合同解除之日止期间的保险费，并退还剩余部分保险费。

第六十九条 因履行本保险合同发生的争议，由当事人协商解决，协商不成的，由当事人从下列两种合同争议解决方式中选择一种，并在本保险合同中载明：

（一）提交保险单载明的仲裁委员会仲裁；

（二）依法向人民法院起诉。

本保险合同适用中华人民共和国（不含港、澳、台地区）法律。

附加险

附加险条款的法律效力优于主险条款。附加险条款未尽事宜，以主险条款为准。除附加险条款另有约定外，主险中的责任免除、免赔规则、双方义务同样适用于附加险。

1. 玻璃单独破碎险
2. 自燃损失险
3. 新增加设备损失险
4. 车身划痕损失险
5. 发动机涉水损失险
6. 修理期间费用补偿险
7. 车上货物责任险
8. 精神损害抚慰金责任险
9. 不计免赔率险
10. 机动车损失保险无法找到第三方特约险
11. 指定修理厂险

玻璃单独破碎险

投保了机动车损失保险的机动车，可投保本附加险。

第一条 保险责任

保险期间内，被保险机动车风挡玻璃或车窗玻璃的单独破碎，保险人按实际损失金额赔偿。

第二条 投保方式

投保人与保险人可协商选择按进口或国产玻璃投保。保险人根据协商选择的投保方式承担相应的赔偿责任。

第三条 责任免除

安装、维修机动车过程中造成的玻璃单独破碎。

第四条 本附加险不适用主险中的各项免赔率、免赔额约定。

自燃损失险

投保了机动车损失保险的机动车，可投保本附加险。

第一条 保险责任

（一）保险期间内，指在没有外界火源的情况下，由于本车电器、线路、供油系统、供气系统等被保险机动车自身原因或所载货物自身原因起火燃烧造成本车的损失；

（二）发生保险事故时，被保险人为防止或者减少被保险机动车的损失所支付的必要的、合理的施救费用，由保险人承担；施救费用数额在被保险机动车损失赔偿金额以外另行计算，最高不超过本附加险保险金额的数额。

第二条　责任免除

（一）自燃仅造成电器、线路、油路、供油系统、供气系统的损失；

（二）由于擅自改装、加装电器及设备导致被保险机动车起火造成的损失；

（三）被保险人在使用被保险机动车过程中，因人工直接供油、高温烘烤等违反车辆安全操作规则造成的损失；

（四）本附加险每次赔偿实行20%的绝对免赔率，不适用主险中的各项免赔率、免赔额约定。

第三条　保险金额

保险金额由投保人和保险人在投保时被保险机动车的实际价值内协商确定。

第四条　赔偿处理

全部损失，在保险金额内计算赔偿；部分损失，在保险金额内按实际修理费用计算赔偿。

新增加设备损失险

投保了机动车损失保险的机动车，可投保本附加险。

第一条　保险责任

保险期间内，投保了本附加险的被保险机动车因发生机动车损失保险责任范围内的事故，造成车上新增加设备的直接损毁，保险人在保险单载明的本附加险的保险金额内，按照实际损失计算赔偿。

第二条　责任免除

本附加险每次赔偿的免赔约定以机动车损失保险条款约定为准。

第三条　保险金额

保险金额根据新增加设备投保时的实际价值确定。新增加设备的实际价值是指新增加设备的购置价减去折旧金额后的金额。

车身划痕损失险

投保了机动车损失保险的机动车，可投保本附加险。

第一条　保险责任

保险期间内，投保了本附加险的机动车在被保险人或其允许的驾驶人使用过程中，发生无明显碰撞痕迹的车身划痕损失，保险人按照保险合同约定负责赔偿。

第二条　责任免除

（一）被保险人及其家庭成员、驾驶人及其家庭成员的故意行为造成的损失；

（二）因投保人、被保险人与他人的民事、经济纠纷导致的任何损失；

（三）车身表面自然老化、损坏、腐蚀造成的任何损失；

（四）本附加险每次赔偿实行15%的绝对免赔率，不适用主险中的各项免赔率、免赔额约定。

第三条 保险金额

保险金额为 2 000 元、5 000 元、10 000 元或 20 000 元，由投保人和保险人在投保时协商确定。

第四条 赔偿处理

（一）在保险金额内按实际修理费用计算赔偿。

（二）在保险期间内，累计赔款金额达到保险金额，本附加险保险责任终止。

发动机涉水损失险

本附加险仅适用于家庭自用汽车、党政机关、事业团体用车、企业非营业用车，且只有在投保了机动车损失保险后，方可投保本附加险。

第一条 保险责任

保险期间内，投保了本附加险的被保险机动车在使用过程中，因发动机进水后导致的发动机的直接损毁，保险人负责赔偿；

发生保险事故时，被保险人为防止或者减少被保险机动车的损失所支付的必要的、合理的施救费用，由保险人承担；施救费用数额在被保险机动车损失赔偿金额以外另行计算，最高不超过保险金额的数额。

第二条 责任免除

本附加险每次赔偿均实行 15% 的绝对免赔率，不适用主险中的各项免赔率、免赔额约定。

第三条 赔偿处理

发生保险事故时，保险人在保险金额内计算赔偿。

修理期间费用补偿险

只有在投保了机动车损失保险的基础上方可投保本附加险，机动车损失保险责任终止时，本保险责任同时终止。

第一条 保险责任

保险期间内，投保了本条款的机动车在使用过程中，发生机动车损失保险责任范围内的事故，造成车身损毁，致使被保险机动车停驶，保险人按保险合同约定，在保险金额内向被保险人补偿修理期间费用，作为代步车费用或弥补停驶损失。

第二条 责任免除

下列情况下，保险人不承担修理期间费用补偿：

（一）因机动车损失保险责任范围以外的事故而致被保险机动车的损毁或修理；

（二）非在保险人认可的修理厂修理时，因车辆修理质量不合要求造成返修；

（三）被保险人或驾驶人拖延车辆送修期间；

（四）本附加险每次事故的绝对免赔额为 1 天的赔偿金额，不适用主险中的各项免赔率、免赔额约定。

第三条 保险金额

本附加险保险金额＝补偿天数×日补偿金额。补偿天数及日补偿金额由投保人与保险人协商确定并在保险合同中载明，保险期间内约定的补偿天数最高不超过 90 天。

第四条 赔偿处理

全车损失，按保险单载明的保险金额计算赔偿；部分损失，在保险金额内按约定的日赔偿金额乘以从送修之日起至修复之日止的实际天数计算赔偿，实际天数超过双方约定修理天数的，以双方约定的修理天数为准。

保险期间内，累计赔款金额达到保险单载明的保险金额，本附加险保险责任终止。

车上货物责任险

投保了机动车第三者责任保险的机动车，可投保本附加险。

第一条 保险责任

保险期间内，发生意外事故致使被保险机动车所载货物遭受直接损毁，依法应由被保险人承担的损害赔偿责任，保险人负责赔偿。

第二条 责任免除

（一）偷盗、哄抢、自然损耗、本身缺陷、短少、死亡、腐烂、变质、串味、生锈、动物走失、飞失、货物自身起火燃烧或爆炸造成的货物损失；

（二）违法、违章载运造成的损失；

（三）因包装、紧固不善，装载、遮盖不当导致的任何损失；

（四）车上人员携带的私人物品的损失；

（五）保险事故导致的货物减值、运输延迟、营业损失及其他各项间接损失；

（六）法律、行政法规禁止运输的货物的损失；

（七）本附加险每次赔偿实行 20% 的绝对免赔率，不适用主险中的各项免赔率、免赔额约定。

第三条 责任限额

责任限额由投保人和保险人在投保时协商确定。

第四条 赔偿处理

被保险人索赔时，应提供运单、起运地货物价格证明等相关单据。保险人在责任限额内按起运地价格计算赔偿。

精神损害抚慰金责任险

只有在投保了机动车第三者责任保险或机动车车上人员责任保险的基础上方可投保本附加险。

在投保人仅投保机动车第三者责任保险的基础上附加本附加险时，保险人只负责赔偿第三者的精神损害抚慰金；在投保人仅投保机动车车上人员责任保险的基础上附加本附加险时，保险人只负责赔偿车上人员的精神损害抚慰金。

第一条 保险责任

保险期间内，被保险人或其允许的驾驶人在使用被保险机动车的过程中，发生投保的主险约定的保险责任内的事故，造成第三者或车上人员的人身伤亡，受害人据此提出精神损害赔偿请求，保险人依据法院判决及保险合同约定，对应由被保险人或被保险机动车驾驶人支付的精神损害抚慰金，在扣除机动车交通事故责任强制保险应当支付的赔款后，在本保险赔偿限额内负责赔偿。

第二条　责任免除

（一）根据被保险人与他人的合同协议，应由他人承担的精神损害抚慰金；

（二）未发生交通事故，仅因第三者或本车人员的惊恐而引起的损害；

（三）怀孕妇女的流产发生在交通事故发生之日起30天以外的；

（四）本附加险每次赔偿实行20％的绝对免赔率，不适用主险中的各项免赔率、免赔额约定。

第三条　赔偿限额

本保险每次事故赔偿限额由保险人和投保人在投保时协商确定。

第四条　赔偿处理

本附加险赔偿金额依据人民法院的判决在保险单所载明的赔偿限额内计算赔偿。

不计免赔率险

投保了任一主险及其他设置了免赔率的附加险后，均可投保本附加险。

第一条　保险责任

保险事故发生后，按照对应投保的险种约定的免赔率计算的、应当由被保险人自行承担的免赔金额部分，保险人负责赔偿。

第二条　责任免除

下列情况下，应当由被保险人自行承担的免赔金额，保险人不负责赔偿：

（一）机动车损失保险中应当由第三方负责赔偿而无法找到第三方的；

（二）因违反安全装载规定而增加的；

（三）发生机动车全车盗抢保险约定的全车损失保险事故时，被保险人未能提供《机动车登记证书》、机动车来历凭证的，每缺少一项而增加的；

（四）机动车损失保险中约定的每次事故绝对免赔额；

（五）可附加本条款但未选择附加本条款的险种约定的；

（六）不可附加本条款的险种约定的。

机动车损失保险无法找到第三方特约险

投保了机动车损失保险后，可投保本附加险。

投保了本附加险后，对于机动车损失保险第十一条第（二）款列明的，被保险机动车损失应当由第三方负责赔偿，但因无法找到第三方而增加的由被保险人自行承担的免赔金额，保险人负责赔偿。

指定修理厂险

投保了机动车损失保险的机动车，可投保本附加险。

投保了本附加险后，机动车损失保险事故发生后，被保险人可指定修理厂进行修理。

释义

【碰撞】 指被保险机动车或其符合装载规定的货物与外界固态物体之间发生的、产生撞击痕迹的意外撞击。

【倾覆】 指被保险机动车由于自然灾害或意外事故,造成本被保险机动车翻倒,车体触地,失去正常状态和行驶能力,不经施救不能恢复行驶。

【坠落】 指被保险机动车在行驶中发生意外事故,整车腾空后下落,造成本车损失的情况。非整车腾空,仅由于颠簸造成被保险机动车损失的,不属于坠落。

【外界物体倒塌】 指被保险机动车自身以外的物体倒下或陷下。

【自燃】 指在没有外界火源的情况下,由于本车电器、线路、供油系统、供气系统等被保险机动车自身原因或所载货物自身原因起火燃烧。

【火灾】 指被保险机动车本身以外的火源引起的、在时间或空间上失去控制的燃烧(即有热、有光、有火焰的剧烈的氧化反应)所造成的灾害。

【次生灾害】 指地震造成工程结构、设施和自然环境破坏而引发的火灾、爆炸、瘟疫、有毒有害物质污染、海啸、水灾、泥石流、滑坡等灾害。

【暴风】 指风速在28.5米/秒(相当于11级大风)以上的大风。风速以气象部门公布的数据为准。

【暴雨】 指每小时降雨量达16毫米以上,或连续12小时降雨量达30毫米以上,或连续24小时降雨量达50毫米以上。

【洪水】 指山洪暴发、江河泛滥、潮水上岸及倒灌。但规律性的涨潮、自动灭火设施漏水以及在常年水位以下或地下渗水、水管爆裂不属于洪水责任。

【玻璃单独破碎】 指未发生被保险机动车其他部位的损坏,仅发生被保险机动车前后风挡玻璃和左右车窗玻璃的损坏。

【车轮单独损坏】 指未发生被保险机动车其他部位的损坏,仅发生轮胎、轮辋、轮毂罩的分别单独损坏,或上述三者之中任意二者的共同损坏,或三者的共同损坏。

【车身划痕损失】 仅发生被保险机动车车身表面油漆的损坏,且无明显碰撞痕迹。

【新增设备】 指被保险机动车出厂时原有设备以外的,另外加装的设备和设施。

【新车购置价】 指本保险合同签订地购置与被保险机动车同类型新车的价格,无同类型新车市场销售价格的,由投保人与保险人协商确定。

【单方肇事事故】 指不涉及与第三者有关的损害赔偿的事故,但不包括自然灾害引起的事故。

【家庭成员】 指配偶、子女、父母。

【市场公允价值】 指熟悉市场情况的买卖双方在公平交易的条件下和自愿的情况下所确定的价格,或无关联的双方在公平交易的条件下一项资产可以被买卖或者一项负债可以被清偿的成交价格。

【参考折旧系数表】

车辆种类	月折旧系数			
	家庭自用	非营业	营业	
			出租	其他
9 座以下客车	0.60%	0.60%	1.10%	0.90%
10 座（含）以上客车	0.90%	0.90%	1.10%	0.90%
微型载货汽车		0.90%	1.10%	1.10%
带拖挂的载货汽车		0.90%	1.10%	1.10%
低速货车和三轮汽车		1.10%	1.40%	1.40%
其他车辆		0.90%	1.10%	0.90%

折旧按月计算，不足一个月的部分，不计折旧。最高折旧金额不超过投保时被保险机动车新车购置价的 80%。

折旧金额 = 新车购置价 × 被保险机动车已使用月数 × 月折旧系数

【饮酒】 指驾驶人饮用含有酒精的饮料，驾驶机动车时血液中的酒精含量大于等于 20 mg/100 mL 的。

【全部损失】 指被保险机动车发生事故后灭失，或者受到严重损坏完全失去原有形体、效用，或者不能再归被保险人所拥有的，为实际全损；或被保险机动车发生事故后，认为实际全损已经不可避免，或者为避免发生实际全损所需支付的费用超过实际价值的，为推定全损。

参考文献

[1] 党晓旭. 机动车保险与理赔实务［M］. 4版. 北京：电子工业出版社，2014.

[2] 黄旭，任晓光. 汽车保险与理赔［M］. 北京：北京邮电大学出版社，2014.

[3] 曾鑫. 汽车保险与理赔［M］. 2版. 北京：人民邮电出版社，2016.

[4] 骆孟波. 汽车保险与理赔［M］. 北京：中国铁道出版社，2015.

[5] 李景芝，赵长利. 汽车保险理赔［M］. 3版. 北京：机械工业出版社，2015.

[6] 左适够. 事故车辆勘察与定损［M］. 北京：机械工业出版社，2013.

[7] 梅丽歌. 汽车保险与理赔［M］. 哈尔滨：哈尔滨工程大学出版社，2011.

[8] 马骊歌，王俊喜. 汽车保险与理赔［M］. 2版. 北京：北京理工大学出版社，2013.